9割の会社はバカ

社長があなたに知られたくない
「サラリーマン護身術」

石原壮一郎
三矢晃子 特定社労士

飛鳥新社

はじめに

石原壮一郎

挑発的なタイトルですが、けっして「会社」にケンカを売りたいわけではありません。この本の目的は、働く側と会社がお互いにとって、もっといい関係を築くことです。

サービス残業や長時間労働、ブラック企業にブラックバイト、ブラック上司のパワハラ、セクハラ、マタハラ……などなど、昨今「働き方」にまつわる問題が、メディアの話題にならない日はありません。あなたは、今の「働き方」や今の「会社」に満足していますか。きっとそれぞれに、それなりの不満や悩みがあることでしょう。

不満や悩みがあるのは、あなたが贅沢を言っているからでも能力が不足しているからでもありません。大きな理由は「9割の会社はバカ」だからです。

人生において「会社」でどう働くかは、極めて大きなテーマ。たとえ「会社」に所属していなくても、さまざまな「会社」とつながりを持たないと仕事はできません。だからこそ、「会社」とはどういう存在なのか、「会社」とどう付き合えばいいのか、ちゃんと考えておく必要があります。

もしあなたが「雇われている側（従業員）より、雇っている側（会社）のほうが、はるかに強い立場だ」と思っているとしたら、その考えは今すぐあらためましょう。自分が「弱い立場」だと思い込んでいるうちは、反射的に会社の言いなりになったり会社を必要以上に恐れたりするばかりで、いい関係を築くどころか、支配される発想から抜け出せません。

会社の経営は、従業員が働くことで成り立っています。しかも従業員の権利は、法律によってあなたが思っているよりもずっと手厚く守られています。経営者はどんな偉そうな顔をしていても、根っこのところでは従業員に頭が上がりません。経営者だけでは仕事は回らないし、仕事が回らなかったら困るのは経営者です。そのまま経営が行き詰まったら経営者は文字通り死活問題ですが、働いている側はほかの会社を探せばいいだけです。

会社は冷静に考えたら弱い立場であり、しかもじつはけっこうバカとなると、恐れる必要なんてまったくありません。会社に対して背中を丸めていないで、まずは堂々と胸を張って向かい合いましょう。それが、いい関係を築くための第一歩です。

そうは言っても、虚勢を張って眉間にしわを寄せる必要はありません。ことさら「権利」を振り回すのも、ちょっと違います。納得できないことや理不尽な扱いには毅然と立ち向かうとしても、やたらケンカを吹っ掛ければいいというものではありません。いい関係を築いた上で、「余計なストレスを抱えずになるべく楽しく働く」のが究極の目標です。

もう少し具体的な方向から、本書のオススメポイントをご説明しましょう。この本をとくに読んでほしい、この本がきっと役に立つと思うのは、日頃からこんなことを考えている人です。

「安心して長く働くために仕事に関する法律や制度を知りたい」
「サービス残業や長時間労働をさせられている状況を変えたい」

「会社や上司のやり方に疑問がある。穏やかに意見を伝えたい」
「有給休暇や産休・育休が取りづらい雰囲気をどうにかしたい」
「会社を心から信用している or 会社をいっさい信用していない」

給料をもらっている限りは、きちんと仕事をして会社に貢献したいし、社会の役にも立ちたい。仕事を通して、やりがいや楽しさを感じたいし成長もしたい。それは働く上で当たり前の大前提です。しかし、そんな当たり前の気持ちを持ち続けられる環境ばかりとは限りません。

仕事をしていると、本人の気持ちや能力とは関係のないところで、いろいろな厄介《やっかい》や困った事態に直面します。しかも、実際の大人が子どものころにイメージした大人ほどしっかりしていないように、実際の会社は思ったほどしっかりしていません。意外に無知だったり頭が固かったり、場合によっては大きな勘違いをしていたりします。

さまざまな苦難を乗り越えつつ、当たり前の気持ちを持って働くためには何が必要か。それは「正しい知識」と「大人の知恵」です。

この本の最大の特徴であり自信を持ってオススメできる点は、取り上げたすべてのシチュエーションについて、労働問題のプロである「特定社労士」が、専門的な立場からアドバイスをしていること。経験豊富な特定社労士の三矢晃子さんが、苦難を乗り越えるために必要な「正しい知識」を伝授し、さらに愛情たっぷりで歯切れのいい励ましや時には叱咤《しった》で、やる気と勇気を引き出してくれます。

残念ながら会社や社会は、常にこちらの味方をしてくれるとは限りません。時に人を人とも思わない仕打ちをしてくることもあります。そんなときに頼りになるのも「正しい知識」。社労士さんが手取り足取り指南してくれる「サラリーマン護身術」を身に着けて、イザというときにはしっかり身を守りましょう。強くなるのは、本来は味方であるはずの会社や仕事に対して、基本的にはやさしい気持ちを持ち続けるためでもあります。

そして、この本のもう1つの特徴であり、よくあるハウツー本との最大の違

いは、大人力のプロ中のプロであり、何を隠そう「大人力」という言葉の生みの親であるコラムニスト（私のことです。図々《ずうずう》しい肩書ですいません）が、それぞれのシチュエーションに立ち向かう上での「大人の知恵」をアドバイスしていること。時に大胆に時に姑息《こそく》に、周囲にも自分の心にも無駄な波風を立てないで、そもそもの目的を果たすための方法や心がけを伝授します。

ご承知のとおり世の中は、「正しさ」を主張するだけでは何も変わりません。人を動かして状況を変えるためには、大人の工夫が必要です。自分自身にとっても、どうするのが本当の意味でのベストの選択であり、望ましい解決法なのかは難しいところ。さまざまな要素を考え合わせた上で、「大人の知恵」を働かせて突破口や妥協点を見つけましょう。

念のため申し上げますが、どうやらバカではない残り1割の会社で働いているみなさんにとっても、大いに役に立つ内容です。「ウチはホワイト企業だから」と油断している場合ではありません。

控えめに申し上げて、本書を読むと、ほぼ確実にこんな効能があります。

「会社や上司に感じていたストレスがウソのように軽くなる」
「理不尽な仕打ちに対して、果敢に立ち向かえるようになる」
「自分が置かれている状況を客観的に認識できるようになる」
「人間関係の悩みが解消して、楽な気持ちで毎日を過ごせる」
「困った展開になるのを早めに察知して、有効な手を打てる」

働くことに関する「正しい知識」と「大人の知恵」は、あなた自身に大きな幸せをもたらすのはもちろん、あなたの周囲の人たちや、ひいてはあなたが働いている会社も幸せにしてしまう一生モノのパートナーです。

手に取っていただいたのも何かのご縁。これからの会社生活、仕事生活、そして人生を楽しく充実したものにするために、ぜひ本書をお役立てください。

目次
9割の会社はバカ

Part 1 御社の「理不尽」、こうして解決できます

Part 2

職場で心と体が疲れてしまったときの対処法

Part 3 退職？ リストラ？ 会社にダマされないために知っておくべきこと

Part 1

御社の「理不尽」、こうして解決できます

Q01

上司の意向を忖度《そんたく》してグレーな行為に手を染めたが、問題化したとたんにハシゴを外された

上司に「どうすればいいか、わかってるな」と言われ、意向を忖度してグレーな行為に手を染めた。ところが、そのことが明るみに出て大問題に。その途端、上司は「なんてことをしてくれたんだ。責任を取れ！」と重い処分を課そうとしてきた。どうすればいい？

①自分がやってしまったのは事実なので処分されても仕方ない

②下っ端が責任を取る必要なんてない。会社ときっちり話し合う

③裁判で戦うことを見据えて、弁護士に相談する

A01

本当に責任を取れるのは社長だけ。まずは周りを味方につけよう

どっかの大学のスポーツ部でも、似たような話がありました。グレーな行為に手を染めたのは問題ですが、〝実行犯〟の自分が責任を取らないといけないのでしょうか。

そんなわけありません！　そもそも会社の不祥事の責任を取ることができて、対外的に頭を下げる必要があるのは代表取締役社長だけです。減給や降格はあってもクビなどの重い処分を課される筋合いはありません

しかし、タチの悪い上司だと、あくまで「こいつが勝手にやった」と言い張るか

もしれないし、会社もその上司の口車に乗せられてしまうかも。上司は上司で会社の黒い意向を忖度して、こっちにプレッシャーをかけた可能性もあります。

まずは、周囲を味方につけましょう。会社が怖くて誰も味方してくれそうになかったら、社内や社外の組合に相談して話し合いを求めたり要望書を提出したりするのが有効です

非は会社や上司にあるのに自分が泥をかぶらされることがあるのが、世の中の理不尽なところ。この問題に限らず、会社生活でもっとも怖くて危険なのは「孤立」です。日頃から円滑な人間関係を維持する努力を怠らないのが己《おのれ》の身を守る最大のリスクヘッジと言えるでしょう。

会社のひどい仕打ちに潰《つぶ》されずに自分の主張を通して自分を守れる人は、例外なく大人力が高いですね。ピンチのときに「この人の味方をしてあげた

い」「有利な証言をしたい」という人がどれだけいるかが、大きなポイントです

ここは②が正解。まともな会社なら下っ端だけに責任を押し付けたりはしません。まともじゃない会社だったとしても、①のようなお人好しな発想で言いなりになるのは一種の逃げ。会社に嫌気が差して結果的に辞めるとしても、退職金の上乗せなどの補償はあってしかるべきです。ただし最初から③を選ぶのはややハードルが高いし、解決への近道とは限りません。

忖度にせよはっきりした指示にせよ、上司がグレーな業務や違法な業務を要求してきたら、きっぱり断りましょう。何かあったらすぐにハシゴを外されるなど、リスクやデメリットのほうが何倍も大きい。まったく割に合いません

【①×　②○　③△】

コラム

社労士に対する誤解
「結局、会社の味方なんじゃないの？」

「社労士（社会保険労務士）」の存在は、まだまだ広く知られているとは言えない。たまに流れる悪徳社労士のニュースを見て、「報酬をくれる会社の味方になって、労働者を言いくるめるヤツら」というイメージを抱いている人もいる。

「もちろん、大きな誤解です。ただ、真面目に役割を果たしている社労士にはスポットが当たりませんからね。『うまいこと助成金をもらってくれ』『労災隠しに協力しろ』なんて言ってくる社長も、たしかにいます。でも、そんな会社も『いい方法ありまっせ』と答える社労士も長くは続きません」

会社の顧問社労士は、会社が働かせ方や社会保険の分野で法律違反をせず、会社と労働者の両方にとって幸せなやり方を考えて実行するのが仕事である。個人でも会社から理不尽な目に遭ったときには、相談してアドバイスをもらうこともできる。地元の都道府県の社労士会のサイトなどから連絡をとってみよう。

Q02

サービス残業の多さに我慢できない。労基署にチクりたいが、自分が言ったとバレないようにするには？

月100時間以上の残業がもう半年も続いている。ほとんどがサービス残業だ。上司にいくら訴えても、まったく改善されない。もう我慢の限界なので労働基準監督署にチクろうと思うが、自分が言ったとバレるのは困る。いい方法はないだろうか？

①いくら上司に訴えても変わらないなら、そんな会社は辞めたほうがいい
②労基署には守秘義務があるし、チクッたことを理由にクビにはできない
③一介の社員が労基署に通報したところで、動いてくれることはまずない

A02

バレる心配をしなくても大丈夫。資料をそろえてチクッてしまおう

ひどい会社ですが、勇気を出して労働基準監督署に通報したほうがいいのでしょうか。それとも、そんなことをしても何も変わらないのか……。

証拠をそろえて持っていけば、ちゃんと動いてくれるでしょう。過重労働問題は、労働行政がとくに力を入れている分野です。月100時間の残業なんて、会社が労基署に届けている「36《サブロク》協定」（時間外・休日労働に関する協定届）の上限を超えているはずです。タイムカードや実際に働いた時間がわかるメモ、仕事していたことがわかるメールなどを持って、最寄りの労基署に行き、『サービス残業に関しての申告で来ました』と宣言しましょう

労基署に申告するための書式に決まりはありません。状況を簡潔にまとめた文章を作成して提出すればＯＫです。匿名でも受け付けてくれますが、名前を明らかにするケースに比べて、後まわしにされたり調査が緩くなったりする傾向があるとか。ただ、たとえ動いてくれても、自分がチクッたことが会社にバレるのは困ります。

労基署には守秘義務があるので、申告者が匿名を望めば名前は絶対にバラしません。ただ、労基署から調査が入ったりして、会社で犯人捜しが始まる可能性はありますね。上司が「キミじゃないよね」とカマをかけてきたら、どうせいろんな社員に聞いてるんだから、「誰なんでしょうね。見つけたらヤキ入れときますよ」とでも言っておけばいいんです。ただし、最終的に残業代を請求するなど、個人の救済を求めるなら、名前は当然明らかになります

仮にバレても、会社の処分を恐れる必要はありません。告発を理由に解雇や降格、減給といった「不利益取扱い」をすることは、労働基準法で禁じられています。ただ、平気でサービス残業をさせるような会社だから、何か困った報復をやってくるかもしれませんが。

もし会社が何かしてきたとしても、裁判を起こせば負けることはないでしょう

社員を大事にする気がない会社のために、過酷な働き方で身を削らされるのはバカバカしい話です。ここは②が正解。勇気を出して行動を起こしましょう。③は完全に間違った認識です。場合によっては①を選択するのも、明日に向かう第一歩かもしれません。

【①△　②○　③×】

コラム

お役所の法則①
「書類」がないと相手にしてくれない

「お役所は、書類が大好き。お役所を動かすためには、文字として書かれている証拠を用意する必要があります」

たとえば労働基準監督署に、残業代の未払いを訴える場合も、「もらってないんです」と泣きつくだけでは相手にしてもらえない。給与明細書なりタイムカードなり日記なりメモなり、書かれた記録があることが大切。場合によってはパソコンのデータでもかまわない。そして基本的には、訴える側が資料や証拠をそろえる必要がある。

「本当はこんなことはいけないんですけど、お役人も人間なので、資料がたくさんある対処しやすい事案は、早く動いてくれる傾向があります。自分が何をすればいいかがわかりやすいですから」

会社や上司のやり方がヘンだと思ったら、とにかく記録を残すようにするのが、きっちり戦うための第一歩である。

Q03

給与の控除額の計算がおかしい。そんなことってあり得るの？

ふと思い立って、給与明細をじっくり見てみた。ネットで調べた計算式で所得税や厚生年金保険料の額を出してみたら、実際に控除されている金額と微妙に違う。まさか会社が給与計算を間違うわけはないが、念のため会社に確認したほうがいいのか？

①確認しても自分が恥をかくだけなので、やめたほうがいい
②言いくるめられたらいけないので、労基署に相談してみる
③会社が間違えることはよくあるので、確認したほうがいい

A03

会社が給与計算を間違えているケースは、ぜんぜん珍しくない

物書きの仕事を長くやっていますが、原稿料の計算を間違える編集者の多いこと多いこと。友人からも「会社が給与計算を間違っていて、大騒ぎになった」という話は、何度か聞いたことがあります。

会社はそういうことは間違えないと思いがちですが、とんでもない。たとえば所得税は、社会保険料を引いたあとの金額で計算することになっていますが、引く前の金額で計算していたり、社会保険料を計算するときに保険料率を間違えていたり。家族経営の会社ならともかく、１００人規模の会社でもそういうことはよくある。会社って、けっこうバカなんです

消費者としていろんな会社と接する場面でも、割引サービスや商品の説明で「(たぶん悪意なく)ウソを教えられた」経験は誰しもあるはず。「会社がこんなことを間違えるわけがない」と信じるのは、ちょっとノンキすぎます。①はおめでたい上に、無責任で消極的な姿勢と言えるでしょう。

「あれ、計算が間違ってるんじゃ……」と思ったら、どうすればいいのか。

いきなり上に「間違ってます!」と直訴するのはお勧めしません。プライドを傷つけて怒りを買いそうだし、どう間違っているのかすぐピンとくる知識や能力はきっとないので、事態は改善しないでしょう。社員全員の問題なので、近しい人に声をかけて「やっぱり、おかしいよね」という気運を高めて、きちんとしたレポートにまとめて提案してみましょう

行動を起こすのは、正しい計算をしてもらうため。会社に悪意があったなら

ともかく、無知が原因だったとしたら、いきなり事を荒立てるのは大人として乱暴な対処法です。②のように労基署に相談しに行くのは、会社に悪意があるとか、間違いを改める気がないとわかってからでも遅くはありません。

ここは③の方向で、まずは本当に間違いなのかどうかを確認し、その次は会社がどう対応するつもりかをしっかり観察しましょう。

中小企業の社長さんは、自社の商品に関しては詳しいですけど、人事方面はさっぱりの人が多い。詳しくなって教えてあげることができたら、頼りにされて出世コースに乗れるかもしれませんよ

会社というアテにならない存在と付き合うには、自分自身の側も身を守る知恵や知識が必要。何も知らないと言いなりになるしかありませんが、知恵や知識という武器を身につけることで対等以上の関係になれます。

【①×　②×　③○】

コラム

ホワイト企業か否かを給与明細書で見極める

ある会社の給与明細書の控除項目に「雑控除　−20000」とあった。マイナス控除とは、実質的には支給であり、見せかけの支給額を減らす理由は社会保険料逃れ。標準報酬月額が本来の額より1等級下がれば、保険料額も低くなる。1人の額はわずかでも社員数が多ければそれなりの額になる。給与明細書通りの支給額で、保険料額も低い標準報酬月額を基に計算されているから社員も気づきにくい。悪いことでないようにも思えるが、これは違法。これで会社が不利益を被ることはない一方で、社員は正しい標準報酬月額に基づく保険料を控除されていれば、将来、もう少し高い年金が受給できるのである。

やたらと支給項目が多い会社にも要注意。内容のわかりにくい少額手当は、社員の知らぬ間に突然0円にすることが容易である。どうやらホワイト企業ほど、給与明細書がシンプルな傾向があるようだ。また、退職金の計算は基本給を基礎にする会社が多いので、基本給の割合が高い企業は安定企業と思ってもいいかもしれない。

Q04

「ウチの会社は恵まれてる」と先輩は言うけど、実感できない

先輩は何かと言うと「ウチの会社は恵まれてるから」と言っている。

でも、給料が飛び抜けて高いわけでもないし、キラキラ女子が多いわけでもない。それ以外の要素で、恵まれてるとか恵まれてないとか、会社によって違いがあるんだろうか？

①見るところを見れば、社員にやさしい会社かどうかはハッキリわかる
②恵まれているかどうかは、結局は自分自身の受け止め方次第である
③先輩が洗脳されているだけで、世の中に「恵まれた会社」なんてない

A04

社員にやさしい会社かどうかは給与明細を見るだけでわかる!

以前、友人が10年以上勤めた超有名企業を退職。「社員を大事にしない会社にはいられない」という理由でしたが、転職後にポツリと「どれだけ大事にされていたか、辞めてみてわかった」と呟《つぶや》いていました。芝生の色は、居る場所によって見え方が違うようです。

社員にしてみれば、どの会社にいても不満はあるでしょう。ただ、客観的に比較して「ホワイト企業」と「ブラック企業」との違いは、規模や知名度とは関係なく、確実にあります。あらためてチェックしてみたら、「あれ？　ウチってけっこういい会社かも」と思えるかもしれませんよ

自社が「ホワイト」かどうかを判断できる、もっともわかりやすいチェックポイントはどこか。

まずしっかり見たいのは給与明細。ホント、給与明細にはいろんな情報が詰まっているんです。厚生年金保険料は、社員と会社が半分ずつ負担していますが、上乗せ給付となる厚生年金基金などの企業年金は、事業主が全額または多めに負担しているケースもあります。どんな手当があってどのぐらいの額かもチェックしたいですね

家族手当、住宅手当などの各種手当、あるいは社内預金制度なども含めて「あって当たり前」と思ってしまいがちですが、法律で決められているわけではないので、会社や業界によって激しい格差があります。いわば給与明細は、社員に対する会社の気持ちを込めたラブレター。秘められた真意をしっかり読み取りましょう。ネットなどで世間一般の「相場」を調べて、見比べてみるとい

ろんなことが見えてきます。

福利厚生の恩恵をしっかり受けられたり、有給休暇をちゃんと取れたりする社風かどうかも大事ですね。２０１７年、プレミアムフライデーとかいうくだらない制度が始まりましたが、もともと帰りたいときに帰れたらそれでいいわけです。通常の有給休暇とは別枠の特別有給休暇にしてくれるんだったら、まあいいかな。そんな会社、まずないでしょうけど

世の中に「恵まれた会社」は、たしかに存在します。③はあまりに悲観的。②も、それを言い出すと会社の問題点や物事の本質が見えなくなります。客観的に見て、残念ながら「どう見ても恵まれていない」「けっこうひどい」という結論が出たとしても、それはそれで身の処し方を考える材料になります。

【①〇　②×　③×】

コラム

「労災隠し」は、ブラック企業の指標となる

過労死や過労うつなど労働災害による事故や病気で、遺族や本人が争うのが労災認定されるか否かということ。労働者災害補償保険法は、会社が丸ごと加入しているので、保険料も全額会社負担である。正社員、契約社員、アルバイト、パートなどすべての従業員に適用され、勤務中や通勤途上でのケガなどには給付金が受けられるのだが、中には明らかな労災でも認めたがらない会社がある。

いわゆる「労災隠し」である。その理由は、労基署に届けるのが面倒、労災保険料が上がってしまう、労基署の監査が入ったら困るなど、子どもじみたものばかり。保険料は上がることもあるが、そもそも労災保険料率は、金融業で1000分の2・5。最も高い金属鉱業で1000分の88。厚生年金保険料の事業主負担分の1000分の91・5に比べたら安いもの。「費用は負担するから内緒にしてくれ」と言われても、それは違法行為であり、そんなことをいう会社はブラックだと知っておこう。

Q05

上司のパワハラがあまりにひどい。いっそ辞めてしまおうか……

上司のパワハラに苦しんでいる。「死んじまえ！」といった言葉の暴力は当たり前。時には床に正座させるなどの制裁もある。会社は嫌いではないが、もう限界だ。どうすればいいか。

①自分のメンタルを守るために、これ以上は関わらずさっさと辞める

②上司を徹底的に挑発し、わざと暴力をふるわせて警察に訴える

③辞める気があるなら、開き直ってその上司に立ち向かってみる

A05

いつ辞めてもかまわないと思った瞬間、力関係は逆転する！

これだけパワハラが非難されていても、残念ながら、世の中からなくなるわけではありません。設問のように、上司の理不尽な仕打ちに日々苦しんでいる人も多いでしょう。

とんでもない話だけど、まだまだいるんですよね。会社は嫌いではないということは、会社の体質ではなく、その上司がひどいヤツということなんでしょう。今は辞めることしか考えられないかもしれないけど、「上司はそのうち代わる」ということは頭の隅に置いておきましょう。イヤな上司のために自分が犠牲になることはありません

会社の体質、あるいは会社ぐるみのパワハラなら、無理に会社に残るのが最善とは言えません。どうせ辞めるならパワハラ上司を道連れにしてやる、という気持ちになることもあるかもしれませんが、あれこれ画策すること自体が大きなストレスになりそうです。いちばん大切なのは自分の健康ですから、①の選択肢も考えましょう。

わざと暴力をふるわせる②は、まあ、そううまくはいかないでしょうね。仮にうまくいっても、もみ消そうとする会社と戦ったり、期待通りに動いてくれない警察にイライラしたり、無駄に消耗するだけで得るものは少なそうです。それよりも、会社を辞める気があるんだったら、じつは何も怖いものはないんだということに気づきましょう

辞めるつもりなら、当然ですがクビは怖くありません。出世を気にする必要もないし、居心地が悪くなっても平気です。開き直って、③のようにパワハラ

上司に立ち向かってみるのがオススメ。暴言を吐かれたら「今の言葉は撤回してください」と冷静に返し、納得のいかない指示はとことん説明を求めましょう。上司の発言を録音したり何をやったかを記録したりして、会社の上層部や公的機関にチクるのも有効な戦い方です。

パワハラは、されている側の冷静な判断力を奪ってしまうんですよね。パワハラを直接裁く法律は残念ながらありませんが、いったん落ち着いて、自分にとって大切なものは何かを考えて、それを守るための行動を起こしましょう

【①△　②×　③○】

コラム

お役所の法則②
ラチがあかなかったら上位機関へ

会社の問題点やトラブルについて、労働基準監督署や労働相談センターに訴えてもなかなか動いてくれない——。そんなときは、親方の厚生労働省に連絡してしまう手もある。

「お役所は完全にタテ社会ですから、上位機関から『こんな問い合わせがあったけど、どうなってるんだ』と言われたら、下っ端はあわててすぐに対応するはず。あまり大っぴらに宣伝していませんが、各県にある総務省の行政評価事務所に連絡するのも有効です」

今はどの役所もホームページがあり、そこから連絡できたり連絡先が載っていたりする。ただの無理難題や感情的な訴えは向こうも動きようがないが、しかるべき窓口に必要な情報を持って相談に行くなど「役所を上手に使う」という発想で付き合うと、日本の公務員は基本的には真面目なので、ちゃんと役に立ってくれるだろう。

Q06

産休に入るときは、周囲に申し訳なさそうな顔をするべきなのか

産休に入るときに、同僚のおじさんから「産休はしょうがないけど、ちょっとは申し訳なさそうにしたらどうだ」と怒られた。当然の権利なので頭を下げるのはヘンだと思って堂々としていたが、その後も、おじさんの言葉がずっと引っかかっている。

①そんな時代錯誤なおじさんの言うことなんて無視すればいい
②卑屈になる必要はないが、周囲への気遣いはしたほうがいい
③「休みを取らせていただく」という謙虚な気持ちを持ちたい

A06

おじさんの怒りは理不尽だが、最適なバランスを見つけたい

あるメーカーに勤める若い知り合いが、１人めを出産した数年前に実際に体験した話です。口には出さないまでも、心の中でそのおじさんのようなことを思っている人は、情けない話ですがけっして少なくないでしょう。

多くのおっさんは、基本的に男尊女卑ですよね。そもそも女性が働いていること自体、快く思っていない。悲しいことですが、それが現実です。産休というのは、女性が得をする「優遇措置」や「特権」なんかじゃありません。母体を保護するために絶対に必要な〝命に関わる問題〟だし、新しい命を産んでくれる母親をみんなで守るのは当たり前じゃないですか

労働基準法などの法律でも、産休や育休についてはしっかり定められています。さまざまな給付金や一時金もありますが、その原資は、会社や従業員が負担した健康保険料などなのです。堂々と胸を張って休みましょう。

ただし、堂々と胸を張ることと、当たり前のような態度を取るかどうかは、また別の話です。時代錯誤なおじさんの暴言は鼻で笑って無視すればいいとしても、周囲に対する配慮や気遣いまで放棄する必要はありません。

実際問題、誰かが自分の仕事を負担してくれるわけですからね。人間同士、気は心という部分は無視しないほうがいいでしょう。菓子折りのひとつも買ってきて「ご迷惑おかけしてすいません」と挨拶すれば、気持ちよく送り出してもらえるし、復帰しやすい環境を作ることにもなります

大切なのは、自分が気持ちよく休んで、復帰後も気持ちよく仕事を続けることです。その友人も、休む前にはきちんと挨拶したとか。頭を下げることは負

けではなく、むしろ勝つための攻撃です。ここは②のスタンスで最適なバランスを探るのが、大人のたくましさと言えるでしょう。①も、胸を張って持ち続けたい視点です。③のように思う必要はまったくありません。

差しさわりがあるから誰も言いませんけど、国の本音としては、高学歴で仕事でも活躍している女性に、どんどん子どもを産んでほしいんですよ。そうじゃないと、これからの日本は国際競争で勝ち残っていけないと感じています。そういう女性のほうが教育熱心だしね。ただ、待機児童の問題など、制度がまったく追いついていないのは大きな問題ですが

男性としては、こういう時代錯誤なおじさんにならないようにくれぐれも気を付けましょう。表面的にではなく本心から、女性の立場を理解し常に敬意を持って接することが、大人の基本でありデキる男の必須条件です。

【①△　②○　③×】

コラム

産前・産後・育児休業のあいだは公的な給付金が支給される

出産直前や出産直後の女性には、きっちり休みを取らせなければならないと法律で定められている。「産前休業」は出産予定日の6週間前（双子以上の場合は14週間前）から、会社に請求すれば取得できる。「産後休業」は、出産の翌日から原則8週間は、いくら働きたくても必ず休まなければならない。

そのあとは「育児休業」の出番だ。子どもが1歳に満たないうちは、男女を問わず取得できる。会社の規定がなくても、育児・介護休業法で定められているので、会社がダメと言うことはできない。契約社員でも一定の条件を満たせば取得は可能だ。

「産前休業」と「産後休業」のあいだは健康保険から賃金のおよそ3分の2の給付金が支給されるし、子ども1人につき42万円の出産育児一時金もある。「育児休業」のあいだも雇用保険から一定の給付金の支給があるし、産休中や育休中は社会保険（健康保険と厚生年金保険）の保険料が免除される制度もある。フルに活用しよう。

Q07

私用メールや勤務中の飲酒は、実際のところどのぐらいまずいのか？

本当はよくないことなんだろうけど、しばしば会社のパソコンから友人に私用メールを出している。出張に行ったとき、先方とのランチの席でビールを飲んだこともある。やっている人は多い気もするが、こうしたことを理由にクビになることはあるのか。

①してはいけないことなので、クビになる可能性は大いにある

②この程度のことで社員をクビにするのは、解雇権の濫用である

③どのぐらい悪質かにもよるが、即座にクビになることはない

A07

ホメられた行為ではないが、それだけでクビの理由にはならない

私用メールにせよ勤務中の飲酒にせよ「まったく身に覚えがない」という人のほうが、きっと少ないでしょう。ただ、みんなやっているから大丈夫と言えるのかどうか……。

どちらも、そりゃホメられた行為ではありません。でも、結局は程度問題なんですよ。2005年に福岡高裁で判決が出た「K工業技術専門学校事件」では、業務用のパソコンで大量の私用メールをやり取りしたり、出会い系サイトに登録したりしていたことを理由とする解雇を有効としました。いっぽうで、多少の私用メールは「社会通念上相当な範囲にとどま

る」として、職務専念義務違反とは言えないとした判例もあります

飲酒に関しても、ある航空会社で整備士が勤務中に、うっかりアルコール飲料を口にしてしまい、それを理由に解雇された事件がありました。しかし、解雇を不服として裁判を起こした結果、解雇は無効という判決が出ています。

私用メールにせよ飲酒にせよ、それだけを理由に社員を解雇するのは難しいでしょうね。ほかに日頃の問題行動がいくつか重なって、何度も注意しているのにいっこうに行動が改まらないとなったら、会社としてもまた話は別ですけど

①も②も、それぞれに大袈裟ですが、かといって間違いとも言えません。ここは③が、実情に即した妥当な認識と言えるでしょう。私用メールや勤務中の飲酒だけでなく、ちょっとしたサボりや会社の備品の借用も同様です。ただし

「少しぐらいは大丈夫」という油断は禁物。クビにはならなくても、会社や上司からの評価は確実に下がります。

副業の禁止を定めている会社もありますが、バレたら解雇かというと、そんなことはありません。そもそも勤務時間以外は、原則として何をやっても自由です。昨今は「副業奨励」の動きも出ていますしね。ただし、副業のしすぎで本来の業務に大きく支障が出るとしたら、それは立派に解雇の理由になります

【①△　②△　③◯】

コラム

2018年は「副業元年」⁉ ただしリスクも少なくない

昨今の「働き方改革」の流れの中で、副業に対する考え方や国の姿勢も変わってきた。2017年11月に厚生労働省が、副業や兼業を推進するガイドラインを発表。今までの「許可制」から「届け出制」を基本とする方針に変わった。

「国が副業を推進したがっているのは、この先の日本は人口が減って人手不足がますます進みそうだから。同時に、会社が一生面倒見てくれると思うな、というメッセージでもあります。親切心で言っているわけじゃありません。ただ、働く側も、会社に頼らない覚悟が求められているとは言えるでしょう」

副業で経験や人脈が広がることで、自分にとってプラスの影響がもたらされることもあるだろう。しかし、長時間労働が続いて身体を壊したり、本業がおろそかになって会社ににらまれたりというリスクもある。安い報酬の仕事やアヤシイ話に飛びついてしまうケースもあるようだ。「ブーム」に乗せられないように気をつけよう。

Q08

企画した新商品が大コケ。責任者として重い処分を受けそうになっている

自分が企画した新商品。「間違いなく売れます！」と上司や会社を説得して販売にこぎつけたものの、見事に大コケしてしまった。社長は大激怒。「会社がどれだけ損したと思ってるんだ！」と言ってきた。それなりの処分を覚悟するしかないのだろうか。

①そこまで言って結果が出なかったとなると、処分も仕方がない
②会社が被った損害の一部を肩代わりして許してもらう
③ちゃんと反省する必要はあるが、処分される筋合いはない

A08

売れなかったのは会社全体の責任。ひとりだけ処分されるのは不当である

出版の世界でも、こういう話はたまに聞きます。社長のワンマンぶりが有名な某出版社は、2年以内にベストセラーを出さない編集者は容赦なくクビになるとか……。

私も聞いたことがありますが、とんだブラック企業ですよね。本にしたってほかの商品にしたって、その企画を通したのは上司だし、最終的に商品化の決断を下したのは社長です。あなたが出すって言ったんでしょ、って話ですよ。それに、どんなに商品がよくても、宣伝や営業がちゃんとやってくれないと売れませんから

商品を企画して強くプッシュし、それが残念ながらコケたからといって、ひとりで責任を負う必要はありません。さすがに、上司や社長に面と向かって「GOサインを出したあなたにも責任があるんじゃないですか」と言ったら厄介な展開になりそうですが、心の中で「俺だけのせいじゃない」と開き直るのはぜんぜんアリです。

だいいち、もし売れていたら企画した人に巨額の富が転がり込むかというと、ぜんぜんそんなことはないですよね。ボーナスが上がるぐらいのご褒美はあるかもしれませんけど、儲かるのは会社です。本にしたって、版権は編集者じゃなくて会社のものだし。下っ端の労働者に責任を負わせるのは明らかに間違っています

ただし、失敗の度合いによっては、降格や減給はあり得るかもしれません。
もちろん、あまりに重い処分だったら異を唱えましょう。仮にクビになったと

しても、出るところに出れば「不当解雇」と判断されるはず。①は人がよすぎます。②も、そんなことをする必要も理由もまったくありません。

会社が損をしたからといって、下っ端な労働者に責任を負わせようとするようでは、その会社に未来はないでしょうね。仕事の借りは仕事で返せばいいんですよ

ここは③が正解。いつかきっとリベンジのチャンスはあります。ちゃんと反省して失敗から多くを学ぶことが、次のチャンスをつかむことにもつながるでしょう。

【①× ②× ③○】

コラム

管理職は労働基準法に守られない？

「課長になって残業代がなくなった」とぼやく上司がいたら、観察してみることを勧めたい。課長は経営陣に意見ができ、労務管理について経営陣と一体的な立場にあるか、自己の勤務に自由裁量の権限があるか、権限にふさわしい待遇を受けているか。これらの問いにノーが並ぶなら、労基法上の管理監督者ではなく「名ばかり管理職」である。

労基法には、労働時間、休憩及び休日に関する規定の適用除外者が規定されている。その中に管理監督者も含まれているのだが、それは、先の問いにイエスと答えられる地位にある人のこと。一般的な会社でほかに適用除外者になるのは秘書職だが、これも経営陣と活動をともにし、重要機密を取り扱う一部の者に限られる。

労基法そのものが適用されないのが、船員（一部規定は適用。基本的には船員法で守られている）、家族経営の商店で働く親族や家政婦。ただし、ドラマに登場するような家政婦紹介所に雇用されて派遣される家政婦＝〃ミタゾノさん〃は立派な労働者である。

Q09

会社に逆らっていたら、あからさまな閑職《かんしょく》に回された。どう出るべきか？

ちゃんと仕事はしているつもりだが、会社の「辞めさせたいリスト」に入っているようだ。はっきりクビにすると面倒だからか、半年ほど前から遠回しに退職を勧めてくる。ずっと拒否し続けていたら、あからさまな閑職に回された。さて、どう出るべきか。

①そんな扱いをしてくる会社には、さっさと見切りをつける

②仕事をくれないなら、適当に時間をつぶして給料だけ受け取る

③上司に企画書を出し続けるなど、やれることを見つけて働く

A09

これ幸いとサボったら会社の思うツボ。やる気を見せ続けよう

「あからさまな閑職」に回すのは、けっこう不当な扱いに思えます。労働相談センターに「こんなことされてます」と相談しに行ったら、対応してくれないでしょうか。

うーん、公的機関が手出しをするのは難しいかもしれませんね。会社に席もあって給与も出ていれば、どんな業務をさせるかは会社の裁量なので、法律的には問題はないんです。退職を強要されたとなれば、相談できる余地はあるんですが

会社もそれがわかっているので、回りくどいことをしているのでしょう。ひじょうに姑息だし、働く側の気持ちや人としての尊厳はまったく考えていません。しかし、会社というのは、必要とあればズルくて残酷なことを平気でやってきます。

辛い状況ですが、投げやりになってはいけません。仕事をサボってネットサーフィンをしたりパチンコに行っちゃったりするのは最悪。会社に解雇の口実を与えるだけです。自分を奮い立たせて、やれる仕事を見つけて積極的に働きましょう。たとえば、新しいプロジェクトの企画書を作ったり社内の改善ポイントをまとめたりして、上司に提出するとか。どんなにいい案でも採用する気はないでしょうけど、会社が「こいつは働かないからクビにする」と言ってきたときに、自分はこれだけ仕事をしていると示す材料になりますから

提出するときは、中身はもちろん、日付を記録しておくことが大切。この状況でもっとも大切なのは、会社に付け入るスキを与えないことです。それに、もし別の会社にいくことになったとしても、あれこれ頭をひねった経験は結果的に役に立つはず。

ここは③の行動を取るのが、不当な扱いをしてくる会社との果敢な戦い方に他なりません。怒りをエネルギーに変えて頑張りましょう。②は、まさに会社の思うツボ。ほかにも「この会社、ダメだ」と思う理由がたくさんあるなら、①を選ぶ道もなくはありませんが、みすみす会社を喜ばせることになるのが悔しいところです。

【①△　②×　③◯】

コラム

露骨な「追い出し部屋」から巧妙な「追い出しプログラム」に

会社は時には露骨な方法で従業員を精神的に追い詰めて、「自主退職」を迫ってくる。１９９０年代から２０００年代に〝流行〟したのが、部屋に閉じ込めた上で無茶なノルマを課す「追い出し部屋」だ。そういう部屋に追いやられた男性が、大和証券などを訴えた「追い出し部屋訴訟」では、２０１６年12月に最高裁が「会社側のやり方は嫌がらせであり不当だ」として上告を棄却。男性に１５０万円の支払命令が確定した。しかし、そういうやり方がなくなったわけではない。

最近話題になっているのが、人材会社も一枚かんでいる巧妙な「追い出しプログラム」だ。会社から「人材会社に通って自分の働く先を見つけることが仕事」だと命じられ、研修や求職活動をさせるというもの。これも明らかに違法である。

「こんなやり方はおかしい」と感じたら、会社側との会話を録音するなど証拠を細かく残して、徹底的に戦おう。無断で録音することは、違法でも何でもない。

Q10

納得できない理由で突然の降格。個人で組合に入って戦いたいが？

突然、よくわからない理由でいきなり降格を言い渡された。ひどい話なので会社と戦いたいが、今の会社には労働組合がない。個人で入れる労働組合もあるらしいので、そこに相談していっしょに戦ってもらおうと思っている。何か気をつけることはあるか。

①どの組合も思想的に偏っているので関わらないほうがいい

②誰でも作れるので、いっそのこと自分で作ってしまう手もある

③相性が合うところを選べば、基本的には頼りになる存在である

A10

労働組合に団体交渉を申し込まれたら、会社は拒否できない

近年、労働組合の存在感や影響力はどんどん小さくなっています。しかし、弱い立場である労働者が、強い立場の企業と対等に話し合うためには、ひとりではなく大勢で団結することが必要なのは確か。個人でも入れる組合は、頼りになる存在なんでしょうか。

ネットで調べれば、個人で入れる労働組合はたくさん見つかります。ただ、すべての組合が頼りになる存在というわけではありません。やる気のないところもあるし、たしかに思想的に偏っているところもあります。ネットでもだいたいの雰囲気はつかめるので、よさそうだと思うところ

に、まずは相談に行ってみましょう。労働組合のナショナルセンターである連合（日本労働組合総連合会）の労働相談ダイヤルなどを活用する手もあります

親身に話を聞いてくれるか、納得できるアドバイスを与えてくれるか、活動の内容をちゃんと教えてくれるか、事務所にいる人たちは妙な気配を発していないか――。そんなことから「ここは頼りになりそうだ」と感じたら、入ってみてもいいでしょう。

相談するだけなら、お金は取られないはずです。相談相手がいるというのは頼もしいし、こちらの思い込みに気づくケースもあるかもしれません。いざ加入して会社と戦うとなったら、いろんなノウハウもあるのでとても心強いでしょう。何より、組合から団体交渉を申し込まれたら、会社は拒否してはいけないと法律で定められています

どうやら③のように思っていて大丈夫です。ただし、もちろん月々の組合費（高くても数千円程度）は必要だし、助けてもらったらすぐにサヨナラというわけにはには、なかなかいきません。大人の判断力を発揮したり大人としての距離の取り方を探ったりしながら、無理せずにいい付き合い方をしていきたいものです。

①は、ごく一部には当てはまりますが、かなり偏見に満ちた見方です。②も確かにそうなんですが、時間的にも技量的にも、目の前の戦いを有利に進める役には立ちません。

【①×　②×　③○】

コラム

労働組合に入ると、こちらの立場はどう変わるか

いくらこちらの言い分が正しくても、百戦錬磨の会社を相手に個人が戦うのは極めて不利である。そもそも個人に対して、会社が交渉に応じる義務はない。

ところがA10にもあるように、こっちが労働組合の一員となって、会社と労働組合の交渉となると、会社はそれを拒否することはできない。それでも交渉のテーブルに着こうとしなかったら、会社の立場はどんどん不利になっていく。不当人事だけでなく、パワハラやセクハラの被害を受けた際も同様だ。

そもそも派遣もパートも含めたすべての労働者には、憲法28条で、団結権、団体交渉権、団体行動権という「労働三権」が認められている。しかし、労働組合に入らずに個人のままだと、せっかくの権利を行使することは難しい。

会社に労働組合があっても、そこが会社にとって都合がいい「御用組合」でまったく役に立たない場合は、ひとりで社外の労働組合に加入することもできる。

Q11

熱血タイプの上司に「辞表を書いて俺に預けてくれ」と言われた。書いても大丈夫？

新しく配属された所長は熱血タイプ。「俺は命がけでこの営業所の業績を伸ばす。俺も書くから、お前らも覚悟を示すために全員、辞表を書いて俺に預けてくれ」と言ってきた。拒否しづらい雰囲気だが、書いても大丈夫なのか。

①退職する気がないのに書いた辞表は無効なのでとくに問題ない
②辞表を書いたらそれを盾に退職させられかねないので拒否する
③リスクはあるが上司の心証を悪くしないためにいちおう書く

A11

それを盾にされたら「本心ではなかった」と言えば大丈夫

そういえば何年か前、某公共放送の会長になった人が、就任初日に理事全員に辞表を提出させていたことが問題になったことがありました。結局、その辞表は返却されたようです。

当人が辞める気がないのに会社側が強引に書かせた辞表は、まったくの無効です。1992年に東京地裁で判決が出た「昭和女子大事件」でも、反省の意を強調するために書いた退職願は無効であり、その効果は生じないという判断でした。この事件の場合、本人に辞める意思がないことを雇用する側が知っていたかどうかがポイントになりました

新しい所長にいきなりにらまれないために、書いてほしいというなら書いてやってもかまいません。②のようにそれを盾に退職を迫ってきたら、「いや、あれは本心ではありませんでした」と言えば大丈夫です。本心ではないことを証明するのは、仕事の内容や日頃の言動、家庭環境などを総合すれば難しくはないでしょう。

わたすときに上司に「辞めないためにがんばります！」と言ったりして、本当は辞める気がないことを強調しておいたほうがいいかもしれませんね

というわけで①が正解。③も書くという点は同じですが、思っているほどリスクはないので、そんなにビビらなくても大丈夫です。

また、お酒の席では「こんな会社、辞めてやる！」というセリフがしばしば飛び出します。しかし、それを根拠に会社が退職に追い込むことはできません。「酔っ払って言っただけで本心ではありません」と言えばいいだけです。会社で上司とケンカして、ついカッとなって「辞めてやる！」と言ってしまったとしても、すぐに撤回すれば問題ありません。

そんなときは「……と思ったけど、気のせいでした。ウソぴょーん」ぐらいのことを言って図太くごまかせばいいんじゃないでしょうか。場も和んでケンカも収まるし

ただまあ、そんなことを言い出す所長は間違いなくロクなもんじゃありません。仕事は全力でやるとしても、その所長との付き合い方は考えたほうがいいでしょう。たぶん、そのうち大きな問題を起こします。

【①○　②×　③△】

コラム

「退職願」「退職届」「辞表」。どんな違いがあるのか？

大まかには「辞表」という呼び方が一般的だが、厳密に言うとそれぞれ目的や用途に違いがある。実際に書くときに備えて、いちおう違いを押さえておこう。

「退職願」は、会社に労働契約の解除を申し出るための書面。その「申し出」を会社側が承諾すれば退職となる。会社が承諾するまでは、撤回することもできる。

「退職届」は、会社に対する最終的な意思表示をするための書面。届けが受理された時点で退職となる。いったん出すと、撤回することは基本的にはできない。

「辞表」は役員など役職がある人が、その役を辞する意思を示すための書面。本来は一般の会社員の場合は使わない。役は辞めても会社は辞めない場合もある。

会社が辞めさせてくれなくても、正社員の場合は法に定められた期間（退職日の2週間以上前など）を置いて申し入れれば、会社は拒否することはできない。多少波風は立つが、イザとなったら内容証明郵便で会社に退職届を送る方法もある。

Q12

業績不振を理由に給与が一律20%カットに。受け入れるしかないのか？

従業員20人ほどの会社で働いている。このところ業績が悪化していて、とうとう社長から「申し訳ないが、しばらくのあいだ給与を一律20％カットさせてくれ」という話があった。納得できなければ辞めるしかないようだが、さて、どうしたものか？

①失業するよりマシと思って給与カットを受け入れる

②業績の悪化は会社のせいなので給与カットは拒否する

③そんな将来性がなさそうな会社には見切りをつける

A12

役員の報酬もそれ以上にカットされているかどうかがポイント

そこまで業績が悪化しているなら、給与のカットもやむを得ないですね。経営者側としては、社員のモチベーションが下がるリスクを負っても、会社を存続させてなるべく社員を解雇しないためにはそれしかないという判断をしたわけなので

業績が悪化した責任は、もちろん経営者側が負わなければなりません。かといって②のように主張しても、「たいへん申し訳ないが、そこを何とか」と言われて終わりでしょう。そして残念ながら、業績が急によくなるわけではありません。

原則として、会社が賃金などの就業規則を合意なく不利益変更することはできません。ですから、ほかに方法はないのかや、なぜ20%なのかは、社員にきちんと説明する義務があります（労働契約法9条）。納得いくまで尋ねましょう。もちろん、社長や役員の報酬はもっと大幅にカットされているのが大前提です

自分より社員の給料を先にカットする経営者なら、そんな会社に未来はありません。

また、そこまでの荒療治の通告には、暗に「給与カットを受け入れられないなら辞めてもらうしかない」というメッセージも込められています。会社の将来性や今の仕事が好きかどうかなどを総合的に考えて、自分にとっての「正解」を判断したいところ。③のように辞めるのはいつでもできるので、とりあえずは①を選ぶのが賢明でしょう。

これが「一律カット」ではなく、自分の給与だけをカットすると言われたと

なると、話は変わってきます。なぜ自分だけなのか、理由を明確にしてもらいましょう。

遠回しな辞職勧告かもしれませんが、けっして短気を起こさないように。会社側は「解雇する」とはっきり言わない限り辞めさせたことにはならないので、あえてショックを与えて、社員側から「じゃあ、辞めます」と言ってくるのを待っている可能性もあります

怒って辞めたら会社の思うツボ。「こんなところにいられるか！」と会社が嫌いになったとしても、嫌いだからこそ、みすみす相手が喜ぶ反応をすることはありません。

【①○　②×　③△】

コラム

給料に関する法律。自社製品の現物支給はOK？

もし給料の一部として自社製品の現物支給が許されるんだったら、会社はそうしたいところだろう。しかし、従業員としてはたまったもんじゃない。

そんな会社の身勝手を防ぐ法律の1つが、労働基準法第24条の「賃金支払いの5原則」だ。そこには、「賃金は、①通貨で、②直接労働者に、③その全額を支払わなくてはならない」「賃金は、④毎月1回以上、⑤一定の期日を定めて支払わなければならない」と定められている。

現物支給は明確に法律違反であり、親や兄弟など本人以外に支払うのも禁止だ。ただし、銀行振り込みにすることは、労働組合や労働者との合意があれば可能とされている。給料の前借りは、非常時の場合はすでに働いた分については給料日より早く払ってもらうことは可能だ。しかし、まだ働いていない分の前借りは、それを返すための「強制労働」につながりかねないとして法律で禁止されている。

Q13

上司のセクハラを会社に訴えたら逆に自分の立場が悪くなってしまった……

上司からしつこいセクハラを受け、それを会社に訴えたら、何となく自分が辞めたほうがよさそうな流れになっている。会社にも愛想が尽きたので辞めるのは別にかまわないが、セクハラ上司にひとあわ吹かせたい。こんなふうに思うのは、ヘンだろうか。

①上司にひとあわ吹かせるより、会社にそれなりの補償を求める
②自分が辞めるのではなく、上司を退職に追い込む作戦を立てる
③上司の奥さんにすべてを告げて、スッキリしてから辞める

A13

悔しい気持ちを暴走させず、現実的な落としどころを探ろう

もちろん、被害を受けた側が辞めるのは理不尽な話です。労働相談センターに訴えたり裁判を起こしたりして徹底的に戦えば、十分に勝ち目はあるでしょう。しかし、それが自分にとってベストの方法かというと、一概にそうとは言えません。

会社や上司の非が認められたとしても、はたしてその会社が自分にとって働きやすい環境かどうか……。セクハラ上司が辞めればいい会社になるなら戦う甲斐もありますが、被害者を辞めさせようとするような会社ですからねえ。納得はできないでしょうけど、辞めることはけっして逃げではな

く、自分を守る方法の1つだと思います

上司に「ひとあわ吹かせたい」という気持ちも、よくわかります。ただ、「あいつにこんなことをされた」と触れ回っても、周囲からの同情や支持を得られるとは限らず、むしろ自分の立場を悪くするかもしれません。②のような「退職に追い込む作戦」は、よっぽど綿密に立てないと危険だし、たくさんのエネルギーを消耗しそうです。

③の選択肢のように奥さんに告げ口をしたら、上司はかなり困るでしょうね。ただ、そうなるともはや労働問題ではなく、個人的なトラブルになってしまいます。セクハラの内容によっては、逆に奥さんから訴えられかねません。スッキリする方法を現実的に探るとしたら、①のように会社に補償を求めるのがいいでしょうね

会社側としても、上司に非があることはわかっているだろうし、公表されたくない気持ちもあるはず。しかるべき相談先や被害を訴える方法、あるいは法律的な後ろ盾について、詳しい知識がある様子をチラッと見せれば、あわてるに違いありません。

会社というのは、こちらを「何も知らない、与《くみ》しやすい相手」と見たらとことんズルい手を使ってきます。そんな相手と戦うには、きちんとした「知識」が自分を守ってくれる何より頼もしい武器になります

【①〇　②△　③×】

コラム

セクハラに対する意識改革——女性に比べて男性は遅れている

「ひと昔前までは、多少のセクハラは上手に受け流すのが〝大人の女〟という風潮もありました。でも、女性の社会進出の広がりや『#MeToo』運動の盛り上がりなどで、とくに女性のあいだで、嫌なものは嫌だと言っていいんだ、我慢するのは後輩のためにならない、という意識改革が進んできました」

それに比べて、男性側の意識改革は遅れている。「最近はうるさくなった」「イケメンなら何しても許されるんだろ」という認識のオヤジも依然として多い。

「いつまでもそういう古い意識でいたら、自分だけじゃなく会社のピンチにもつながるでしょうね。無意識のうちに『男性の特権』を振り回していた人に限って、積もりに積もった女性の怒りの深さが理解できていません」

男女のことなので何かとややこしい要素もあるが、大切なのは「仕事仲間として相手を尊重する」という基本を忘れないことである。

Interval

コラム

社会保険労務士からもごく基本的な問題をひとつ

三矢晃子

問題 給与明細書を見ないで、支給と控除の項目名を挙げ、それぞれのおおよその額を言うことができますか。

給与計算の担当でもないのに答えることができる人は、就業規則や36協定《サブロク》を読んだことがあり、労働基準法などで定められた基本的な労働ルールや社会保険料の計算の基礎となる自分の標準報酬月額も知っていることでしょう。もしかして、その高い労働意識は、痛い目にあった経験のたまもの？

多くの人は「手取額しか見ない」「給与明細書を見たことがない」でしょうね。ええ、ごもっとも。給与明細書の見方を教え、社会保険の仕組みや就業規則を事細《ことこま》かに解説してくれる会社なんて、まずありませんから。社会人の常識と思われているのか、知りすぎて権利ばかり主張するモンスター社員になられては困ると思われているのか。まあ、会社の本音は後者……かも。

無知なままでも、定年まで心地よく働ければいいんですが、ある日突然、解雇をちらつかせられたらどうします？　「有給休暇を取らせてくれない」「サービス残業は常識」などと会社のプチブラックぶりをただの酒の肴《さかな》にしていたことを大後悔することでしょう。顧問弁護士や社会保険労務士で両脇を固め、過去にリストラや労働裁判、審判、調停を経験しているような百戦錬磨な大企業なら、赤子の手をひねるがの如く簡単に追い出されてしまいます。

厚生年金保険の記録訂正のうち88％が会社側の〃ミス〃だった

ビクリとしちゃいましたか。でも、日本の企業のうち9割（99・7％）は中小企業で、その多くは労働法などの知識、情報、経験が乏しいまま、なんとなく人を雇って、給与を支払っているんです。こういう会社は、いざ解雇となったら、綿密な作戦がない分、力づくで迫ってくることもあって、さらに厄介。

あるデータを紹介しましょう。年金記録問題といえば、社会保険庁（現日本年金機構）がずさんな年金記録の管理を行ったために生じたものと認識されていますよね。しかし、厚生年金保険については、これまでに記録訂正が行われた11万5０００件のうち10万１０００件が、会社が社員から厚生年金保険料を控除したにもかかわらず、国に対して保険料を納付していなかったと判断されているんです。

うっかりミスか故意かは不明ですが、訂正された厚生年金保険記録の88％は会社側の誤り。今も徴収が続いているその保険料は１００億円を超えています。しかも、年金記録問題が表面化した後でも、正しい届出ができていない会社が続々。厚生年金保険の記録問題から見ても9割は会社がバカなんです。

会社の規模や質がどうあれ、会社の黒い思惑に巻き込まれないためにも、労働法などの基本的な知識と万が一の時のための情報を掴んでおくことは、もはや大人のたしなみでしょう。たとえば、解雇を匂わせられた時に「私の何が解雇事由に該当していますか」と冷静に返しただけで、どんな会社もギクッとします。

解雇のような大問題でなくても、有給休暇の取得を渋られた時に「取得を拒否することはできませんよね。時期をずらせということですか。その理由は？」と聞いてアワアワするようなら、こっちが上。有給休暇の取得はもちろん、幸せな会社生活が見えてきます。

そういう時に、知識と共に大切なのが、大人社会人としての立ち回り方。モンスター社員と疎まれるのではなく、デキる社員と一目置かれるための〝技術〟をこの本から吸い取ってください。

さて、会社が正しい人事管理を行っているかどうかをチェックするための最も身近な資料が冒頭の問題にした給与明細書。たまに見かけるんですが、もしも毎月の厚生年金保険料が異なっていたら、その会社は計算を間違っています。所得税の計算方法を知ったり、意外な手当に気づいたり、給与明細書には情報が満載。バカではない会社は、給与明細書にも抜かりがありませんよ。さあ、チェック！

Part 2

職場で心と体が疲れてしまったときの対処法

Q 14

仕事がハードすぎて心を病んでしまった。毎日、肩身が狭い……

仕事があまりにもハードで、責任も極めて重く、とうとう心を病んでしまった。会社は基本的には「役立たずは去れ」という姿勢である。やっとなれた正社員だし、憧れていた職種なので辞めたくはないが、それは自分のわがままなんだろうか。

①身体にせよ心にせよ健康管理も仕事のうちなので辞めるしかない
②会社の就業規則を確認して、休職などの制度を最大限に活用する
③症状が軽くなったフリをして、働き続けることでヤル気を見せる

A14

ちゃんと休ませて復帰するための手助けをするのは会社の義務！

わがままなんてとんでもない！　社員が病気になったり心を病んだりしたからといって、会社が簡単に見捨てるなんてあり得ません。ちゃんと休ませて復帰するための手助けをするのは、会社としての義務です。まともな会社なら、就業規則に病気になったときの休業規定や、また職場に戻るときの復職規定が定められているはずです

まずは②のように、会社の就業規則を確認しましょう。休職して治療に専念するのは、恥ずかしいことでも何でもありません。そもそも心を病んだのは、会社の働かせすぎが原因。①のように自分を責めて、自分が犠牲になるのは明

らかに間違っています。

無理して症状が軽くなったフリをする③は、絶対にやっちゃいけません。ますます症状が悪化して、取り返しがつかない事態になります。だけど実際には、気持ち的に追いつめられて、そうするしかないと思い込んでしまう人が少なくないんですよね

多くの会社では、休職の前に「病欠」という段階があります。有給休暇が残っていれば、それも使いましょう。休職期間は会社によって、半年から1年半ぐらいと規定はさまざま。

休職中は会社からの給与はほとんどの場合支払われません。ただし、加入している健康保険から「傷病手当金」を受け取ることができます。傷病手当金は、賃金のおよそ3分の2が1年6カ月間支給されます。健康保険組合員なら、さらに手厚い給付が期待できるかもしれません。

ガンなどと同じでメンタルの病気の場合も、厚生労働省が「復帰プラン」を作っています。厚労省としては、復帰して働いてもらいたいわけですから。会社に対する職場復帰助成金の制度もあります。ただ、それを知らない会社もまだまだ多いんですよね

とはいえ、すでに心が参っている状態だと、ややこしい制度について調べたり、会社と交渉したりするのは難しいでしょう。同僚や家族など、周囲に手助けを求めたいところ。そして、追いつめられてしまう前に早め早めに手を打つことが何より大切です。

【①×　②○　③×】

コラム

障害年金は障害者だけのものではない

老齢年金は65歳にならないと受給できないが、障害年金や遺族年金は、誰でも近々受給するかもしれないものだ。とりわけ障害年金については「車椅子生活にでもならない限りもらえない」などと安直なイメージを持ち、自分とは関係ないと思っている人が少なくない。そんなことでは、いざというときに受給できるものも受給できなくなってしまう。

障害年金の対象は、手足などの外部障害だけでなく、呼吸器や心臓などの内部障害、そしてうつ病や発達障害などの精神障害も含まれる。受給するには、初診日から1年半以内に障害の状態にあるかなどの要件を満たす必要があり、受給までの道のりは険しい。しかし、障害の程度が1級から3級までに該当すると認定されれば、厚生年金保険加入期間がわずかであっても、障害厚生年金の受給額は25年働いたものとして計算してもらえる。障害等級が1級又は2級であれば、障害基礎年金も合わせて受給できる。労災だけでなく、実にさまざまなセーフティネットが張られた状態で働けることが会社員の特権なのだ。

Q15

親の介護が必要な状態に。仕事との両立は難しそうだが……

母親は3年前に死去。ひとり暮らしをしていた父親が倒れて入院した。退院後は介護が必要になりそうだ。子どもは自分だけで、ほかに頼れる人はいない。もちろん、できる限りのことをしてやりたいとは思うが、仕事を辞めるしかないのだろうか。

①辞めたら必ず後悔する。仕事を続けられる方法を全力で探したい
②十分に介護できなかったら後悔する。仕事を辞めるのは仕方ない
③会社にどのぐらい迷惑をかけるかで、辞めるかどうかを判断する

A15

離職を防ぐためのいろんな制度がある。早まってはいけない！

昨今、こうした「介護離職」の増加が、大きな問題となっています。一説には年間10万人が、親などの介護のために仕事を辞めているとか。

絶対に辞めちゃいけません。親にせいいっぱいのことをしてあげたいという気持ちはわかりますが、介護にはお金がかかるし、介護が終わったあとの生活も大切です。介護離職したことをきっかけに、いわゆる貧困状態に陥るケースは少なくありません。はたして親は、子どもにそういう苦労をしてほしいと願っているでしょうか

しかも、男性も女性も「働き盛り」の年代が多いので、会社や社会にとってても大きな痛手です。今後、団塊世代がさらに高齢になったら、介護離職がますます増えるかもしれません。

そうならないために、厚生労働省もいろんな対策を打ち出しています。厚労省のホームページにある「仕事と介護の両立〜介護離職を防ぐために〜」というコーナーを見ると、いろんな制度の説明や相談窓口など、役に立つ情報がたくさん載っています

会社を辞めずに、合計93日を上限として休みを取れる「介護休業」や、短期の休暇制度（介護休暇）もあるので、必要に応じて活用しましょう。「介護休業」の期間が有給か無給かは会社によって違いますが、ちゃんとした会社なら、少なくとも欠勤扱いにはなりません。

仮に会社からは、介護休業中の給与をもらえなくても、雇用保険から賃金の原則67％の「介護休業給付」が支払われます。2016年8月に率が大幅に引き上げられました。とにかく、情報を集めることが大切。周囲にも、自分の状況をどんどん話しましょう。きっとアドバイスや助けを得られるはずです。お互いさまなんだから、頼ればいいんですよ。ひとりで抱え込んでしまうと、思いつめて結局いちばん損する道を選んでしまいがちです

こういうときは気弱になって、冷静な判断力を失いがち。しかし、②を選んだらそれこそ後悔しますし、③は自分を犠牲にしすぎです。ここは①のスタンスで頑張るのが、本当の意味での親孝行と言えるでしょう。

【①○　②×　③×】

コラム

社労士になろう♪

社労士は労働法と社会保険法の専門家であり、「事業の健全な発達と労働者の福祉の向上」（社労士法1条）を目指し、「公正な立場で、誠実に」（同法1条の2）業務を行う人である。会社が従業員を採用してから退職するまでの各種手続きの事務を行ったり、労働・社会保険に関する諸問題に応じたりと、労使の日常にぴったり寄り添う職業だ。また、特定社労士であれば、通常の社労士業務に加え、労使間の紛争解決代理業務に従事できる。

社労士になるために学ぶ法律は、労働基準法、労働者災害保険法、雇用保険法、厚生年金保険法など、会社で働く人に身近なものばかり。だから間違いなく面白い。7％前後の合格率を低いと感じるかもしれないが、受験者の中には会社命令でただ受けているだけの人も少なからずいる。仕事をしながらでも1、2年勉強すれば合格できるだろう。会社で理不尽な扱いを受けたときに対抗できる知識を持っていたら強みにもなるし、資格取得をうまくアピールして、出世コースの人事部門に異動できるかも⁉

Q16

働かされすぎて、このままでは過労死するか辞めるしかない。どうすればいい？

ウチの会社は、はっきり言って忙しい。社員の入れ替わりが激しいこともあって、1人ひとりの仕事がどんどん増えている。大半がサービス残業だ。このままだと過労死しそうだが、このまま辞めるのも会社に負けるみたいで悔しい。何かできることはないか。

①会社の要求に応えて全力で働いてこそ、会社に勝ったことになる
②世のため人のため、そして自分のために、会社と戦う準備をする
③多すぎる仕事や無茶な残業は拒否して、まずは自分の健康を守る

A16

会社に命や人生を捧げる必要なんてない。この真理を忘れずに！

典型的なブラック企業ですが、その環境で働いている当人は、つい限界を超えて頑張ってしまいがち。その結果、心身を壊したり、最悪の場合は過労死してしまったり……。

何のために何と戦っているのかって話ですよ。会社に命を捧げて誰が喜ぶんですか。そんな目に遭《あ》わされるために生まれてきたわけじゃありません。こんな会社はどんどん糾弾してやればいいし、自分の身を守るためなら、ばしばし会社に反抗して、できないものはできないと拒否しましょう

これまでの判例では、過労死を招いたと判断される残業時間のラインは月80時間。どこの会社でも作っているはずの「36協定《サブロク》」でも、そんな残業時間が何カ月も続くことは認められていないはず。ましてサービス残業となると、さらに大きな問題です。

まずできるのは、働いた時間をきっちり記録に残しておくことですね。どういう理由で、誰の指示で残業になったのかもメモしておきましょう。おそらく、タイムカードを押してからもそのまま働かされているんだと思います。タイムカードといっしょに、夜中の時間を指しているオフィスの時計や働いている同僚の写真を撮っておくのもいいですね

たくさん証拠が揃ったら、労働基準監督署にチクリに行きましょう。会社が怒ってクビになったとしても、こちらに非はないので圧倒的に有利な立場で戦いを進められます。

①は、完全に会社のブラックな論理に洗脳されている発想でしかありません。ここは②も③も、両方とも正解です。拒否すべきところは拒否することも大事だし、戦う準備をすることで会社の抑圧に耐える支えができて心のバランスを保てるでしょう。

日本人は真面目すぎるんです。過労死してしまうんだったら、引きこもりやニートになったほうがよっぽどいい。心身を壊す前に、もっとサボれ！と言いたいですね

【①×　②〇　③〇】

コラム

労働基準監督署は、どんな問題が守備範囲か？

「労働問題のトラブルは、とりあえず労働基準監督署へ」というイメージがあるが、たとえばセクハラやパワハラの問題は対応してくれない。不当解雇かどうかの判断も管轄外だ。

労働基準監督署の守備範囲は、労働時間や有給休暇、賃金や残業代の未払い、安全に関することなど。おもに「労働基準法」「労働安全衛生法」そして「労働者災害補償保険法」でカバーされる領域である。

「労基署がいちばん守りたいのは、労働者の健康と安全です。背景には、元気に働いて稼いでもらいたい、病気になったときの医療費や働けなくなったときの生活保護費を抑えたいという厚生労働省、ひいては国の本音がある。『こんな働き方をさせられてたら病気になります。何とかしてください』という訴えは、いわばお互いの利害が一致しているので動いてくれやすいわけです」

Q17

家庭の事情で転勤は難しいが遠回しに打診された。どうすればいい？

会社員である限り転勤は宿命だと思っている。しかし、子どもが小さい上に妻も病気がちで、しかも実家がゴタゴタしていて、いま転勤するのはかなり難しい。ところが最近、上司が「キミもここ長いよね」と遠回しに転勤を打診してくる。どんな対策を取ればいい？

①拒否を理由にクビになったら裁判を起こそうと腹をくくる

②クビになったら次の仕事を探すからと、家族に早めに伝えておく

③自分の状況を上司に話すなど、転勤にならないように根回しをする

A17

転勤や異動の命令は絶対ではないが、未然に回避することも大切

転勤や配置転換に関しては、会社が強いんですよね。総合職としての給料をもらっているとなると、どこに転勤になってもいいと了承しているというのが前提ですから

仮に転勤を拒否したことが理由で解雇されて会社を訴えた場合、会社がどの程度「労働者に著しい不利益を負わせたか」がポイントになります。

おもに「子どもの保育園への送り迎えに支障が生じる」という理由で配置転換を拒否して解雇されたケースでは、「通常甘受すべき程度を著しく超える不利益とまではいえない」として、原告の訴えは退けられました。ただ、病気の

家族の介護ができなくなるという理由の場合は、転勤や配置転換は無効という判決が出たこともあります（「ネスレ日本事件」）。

裁判所の判断もあくまでケースバイケース。会社の命令はけっして「絶対」ではありません。

設問のケースのように複合的な事情があれば、裁判を起こせば勝てるかもしれない。でも、裁判になったらお金も時間もエネルギーもかかります。そもそも大変な状態だから転勤したくないって話なのに、裁判なんてしてる場合じゃありません。今できる最善の対策は「根回し」でしょうね。家族の状況を会社の人に話したがらない人も多いですが、隠す必要はありません。③のように、いま転勤になったらどれだけたいへんなのかを上司に知ってもらうことが大切です

今までそういう話をする関係じゃなかったとしても、思い切って伝えれば聞

く耳を持ってくれるはず。それなりに良好な関係が築けているなら、さりげなく日頃の会話に盛り込みましょう。この段階で①や②を考えるのは、気が早すぎるかもしれません。

「育児・介護休業法」では「転勤配慮義務」が定められていて、介護に関しては「転勤を拒否する理由」として認められやすくなっています。しかし、それも上司や会社に自分の状況をちゃんと伝えることができてこそ。まして「この町で彼女ができたばっかりなのに」といった個人的な理由の場合は、さらに綿密な「根回し」が必要になります。

会社に身を任せるのではなく、なるべく自分好みの会社生活を送るために全力を尽くしましょう。

【①×　②×　③〇】

コラム

正社員と非正規社員の待遇格差はあるのが「常識」なのか

現在、多くの会社の「常識」では、正社員と、契約社員やパートなどの非正規社員の待遇には、露骨に格差がある。非正規社員が労働力の4割を占め、しかも多くの会社が正社員の雇用に消極的な状況で、この「常識」はどこまで通用するのか。

２０１８年６月１日に最高裁で、正社員と非正社員の手当格差をめぐる訴訟の判決が出た。同じ仕事をしているのに、通勤・無事故・作業・給食の４手当が支給されないことは「不合理」だと最高裁は判断。ただし、住宅手当は「正社員は転居を伴う異動の可能性がある」として認められず、皆勤手当については事実関係をさらに精査するために高裁にいったん差し戻しになった。

「非正規社員への露骨に不利な待遇は、この判決である程度は減るでしょう。ただ、正社員と同じ仕事をしているというのが前提だし、会社は抜け道や裏技を見つける名人なので、一気に待遇が改善されるとは思えません」

Q18

ガンと診断された……。やはり会社は辞めざるを得ないのか？

健康診断で引っかかって再検査を受けたら「ガンです」と言われた。幸い初期の段階で、簡単な手術で取り除けるらしい。とはいえ、仕事を続けられるかどうか不安である。会社に報告したら、慰めつつも暗に退職を勧められた。従うしかないのだろうか。

①会社が退職を勧めるなんてとんでもない。辞める必要はない
②残念だが、会社に迷惑をかけないうちに退職したほうがいい
③体調と相談しながら、なるべく悔いが残らない道を選択する

A18

なるべく仕事を辞めさせないのは国の基本方針でもある

今や、ガンは「不治の病」ではありません。発見が早ければ、高い確率で治る病気です。しかし、いきなり「ガンです」と言われたら、とても平静ではいられないでしょう。

ショックだとは思いますが、あわてて会社を辞めては絶対にダメです。まして会社が退職を勧めるなんてもってのほか。国も2016年2月に、ガンなどの疾病を抱えた人の治療と仕事の両立を支援するためのガイドラインを発表しました。企業はそれを守って、適切な措置や配慮を行わなければなりません。ガンは国民の2人に1人がかかる病気です。少子高齢化で

労働力が減り続けている日本で、労働力の確保は最優先課題。本人が辞めたいと言っても、できれば辞めさせたくないのが国の本音です。少なくとも、ガンを理由に解雇されるとおびえる必要はまったくありません

しかし、人事担当者の中にも、昔のイメージでガンを実際以上に深刻なものとして見ている人は少なくありません。意識を変えて、理解を求めるにはどうすればいいのか。

ちゃんと仕事を続けられるという証明書を医者に書いてもらいましょう。それを会社に見せて、必要があるならガイドラインがあることを教えてあげてもいいかもしれません。厚生労働省のウェブサイトで簡単に見られます。治療プランも、たとえば抗ガン剤治療は金曜日にするなど、なるべく仕事に支障が出ないように配慮するのが今の医療の流れです

いきなりガイドラインを印刷して突きつけたら、相手もムッとしそうです。重要なところに付箋をつけつつ「ご心配をおかけしてはいけないと思って」などと言いながら渡すといいかもしれません。また、病院側の意識は、大都市の大きな病院の場合は一般の会社よりもよっぽど進んでいるとか。残念ながら地方だと、まだまだというケースもあるようです。

退職を選ぶ②は論外。③も症状が重い場合はさておき、最初に考える必要はありません。仮にガンの診断を受けた場合は、あくまで①の姿勢を貫きましょう。病気ときっちり闘うためには、心理的にも経済的にも仕事を続けることが大きな意味を持ちます。

【①○　②×　③△】

コラム

申し出ないと支援は受けられない

ＡＹＡ世代（思春期・若年成人）に発症するガンが話題になっている。自分がガンに罹《かか》ったら、周りに知られたくない、会社を辞めなければならないと思っている人がいるとしたら、それは大間違いである。会社には真っ先に理解と支援を求めるべき。そのためには、堂々と相談すること。厚生労働省のガイドライン（「事業場における治療と職業生活の両立支援のためのガイドライン」）にも、労働者本人から支援を求められることが基本になると明記されている。

今後の治療の予定を説明した上で、具体的にどのような支援を受けたいのかを伝えることで、支援する側も格段にやりやすくなる。たとえば、治療を優先させるための勤務時間の変更、副作用で起こる脱毛中の帽子などの着用や体調がすぐれない時に短時間横にならせてもらうなど。同時に同僚にも支援を求めていい。２人に１人はガンに罹る時代。明日はわが身と思えば、理解し、助けるのが、当たり前なのだ。

Q19

慢性疾患があることを会社に内緒にしておくのは問題があるか？

慢性疾患の診断を受けた。今すぐ入院する必要はないし、基本的には日常生活に問題はなさそうである。会社に報告すると上司や同僚に心配をかけるし、何かと面倒なことになりそうだ。いっそ会社には内緒にしておこうと思うが、それはマズイだろうか。

①もしあとでバレたら処分を受けても仕方ないので危険である

②とくにマズイことはないが、言ったほうがメリットが大きい

③たしかに面倒なことになるので内緒にしておいたほうがいい

A19

きちんと伝えたほうが、いろんな意味でメリットが大きい

慢性疾患があることを会社に伝えるか伝えないか、たしかに迷うかもしれません。全員が病気を正しく理解してくれるとは限らないし、気を遣わせるのも気が引けます。

それでも、伝えることを強くオススメします。気を遣わせたくない、特別扱いされたくないという気持ちもわかりますが、そのためにも「過剰に配慮してもらう必要はない」ということをきちんと説明しましょう。隠していた人が、周囲に対して事あるごとに「自分に病気があることを知らないから、そんなことが言えるんだ」と被害者意識をふくらませて、病気でダ

ウンするよりも先に精神的にまいってしまったケースもあります

慢性疾患にせよ前項のガンにせよ、隠そうとすると、少なくとも会社ではひとりで抱え込むことになります。それはけっして楽ではありません。会社にも周囲にも話して理解者や味方を増やしたほうが、日々の仕事の上でも精神的にも、ずっと楽になれそうです。

ほとんどの上司は、相談されたら嬉しく感じるはずです。自分を頼りにしてくれたと思って、どうすれば力になれるかをせいいっぱい考えてくれるでしょう。冷たくしてくるような上司はダメ上司ですから、さっさとほかに味方を作ったほうがいいですね

内緒にしていても、仕事がちゃんとできていれば問題はありません。にもかかわらず仮に処分されたとしたら、明らかに不当なので労働基準監督署に訴え

たら即座に会社が怒られます。

重い病気だと診断されたときに、男性のほうが打たれ弱い傾向はあるようですね。もう出世できないとか、もう俺の人生は終わりだとか悲観的になって。精神的にやられてしまわないためには、いろんな人に相談して、とにかく孤立しないことが大切です

3つの選択肢のうち、ここは②しかありません。年齢が若くても、病気の可能性は誰にだってあります。転ばぬ先の杖で、あらかじめ望ましい対処法を覚えておきましょう。

【①×　②○　③×】

コラム

「コンプライアンス」の意識は企業だけでなく従業員にも必要

「コンプライアンス」という言葉は、おもに企業に対して、法令を守ってビジネスをしましょうという話の流れで使われることが多い。コンプライアンスに外れたことをしてしまうと、企業は取り返しのつかないダメージを負ってしまう。

しかし「コンプライアンス＝法令遵守」という認識では、この言葉を理解したことにはならない。法律さえ守っていればどんなことをしてもいいという意味ではなく、本来は「相手の期待に応える」というニュアンスが含まれている。消費者、従業員、取引先、社会といった「相手の期待」にどう応えるかが求められているのだ。

「コンプライアンス」の意識が必要なのは、従業員も同じである。セクハラやパワハラ、あるいは備品の持ち帰りといった小さな悪事に対して、会社も社会もかつてほど寛容ではない。そして「相手（会社、周囲、社会）の期待に応《こた》える」ために、自分の役割をどう果たすかという点でも、常に意識する必要があると言える。

Part

3

退職？　リストラ？
会社にダマされない
ために知って
おくべきこと

Q20

人員整理を理由に、いきなりリストラされた。従うしかないの？

会社の業績があまりよくないことは、薄々感じていた。しかし、まさか自分がリストラの対象になるとは……。仕事もきっちりやってきたし、会社に迷惑をかけた覚えもない。なぜ自分なのか理由を聞いても教えてもらえないが、従うしかないのだろうか。

①会社に「クビだ」と言われたら仕方ないので、あきらめる

②理由も言わない突然の解雇は無効なので、あくまで拒否し続ける

③そんな会社にしがみつくより、退職金の上乗せを交渉する

A20

明確な理由がないリストラは、じつはほとんどが無効である

会社員にとって、もっとも怖いのは「クビ」になること。自分の意思で転職のために会社を辞めたり、ひどい会社に見切りをつけたりするのはいいとして、今の会社で働き続けたいのに「クビ」と言われる事態は、想像するだけで背筋が凍ります。

とんでもない会社ですね。基本中の基本ですが、会社は社員を勝手にクビにすることなんてできません。「解雇」には大きく分けて「懲戒解雇」「普通解雇」「整理解雇」の3種類がありますが、実施するにはそれぞれ非常に厳しい条件を満たす必要があります

「懲戒解雇」は、重大な不正や犯罪行為があった場合に実施されるもので、退職金も多くの場合は支払われません。せめてもの温情として、自分から辞めたことにする「諭旨解雇」にするケースもあります。

一般的に「クビ」と言われるのは「普通解雇」で、「懲戒解雇」よりは軽めの処分ですが、著しい職務怠慢や暴力などそれなりの理由がないとできません。しかも、会社がちゃんと注意や指導をしたという経緯も必要。どちらの場合も、適用される基準が就業規則で定められているのが前提です。

もう1つの「整理解雇」も、人員整理の必要があることを示す「整理解雇の4要件」（P188参照）が定められています。このケースは、3種類の解雇のどれにも当てはまりません。「納得できません」と会社に伝えて、今までどおりに仕事を続けましょう。あくまで追い出そうとしてきたら、今後の戦いを見据えて会社に「解雇理由証明書」を請求してください

①は大間違い。仕方なくなんてありません。ここは強気に②の方向で対応して、どういう理由で解雇しようとしているのか、会社と話し合いたいところ。リストラのほとんどは無効なのに、黙って従ってしまうケースが多いのが実情です。

こんな会社にいても未来はないと判断したなら、③の道を選ぶのもいいでしょう。その場合も、都道府県労働局に助言・指導を求めれば、退職金の上乗せなどを勝ち取れるかもしれません。

【①×　②○　③△】

コラム

弁護士は頼りになる存在だが、依頼するのが最善手とは限らない

力で抑えつけてくる会社と戦うには、法律という武器が欠かせない。そして、その武器を有効に使って、こちらを守ってくれる頼もしい存在が弁護士だ。会社とのトラブルが発生した際に、労働問題に詳しい弁護士に依頼して交渉に同席してもらえば千人力だし、場合によっては裁判を起こして戦うこともできる。

しかし、問題は費用がかかること。相談するだけで通常は1時間あたり5000円から1万円。実際に依頼したら着手金は最低でも10万円。裁判に勝てば報酬金、負けたとしても手数料や日当などは必要だ。時間や労力の負担も半端ではない。退職金が多少上乗せになっても、むしろ赤字になるケースも多いだろう。

だからといって、泣き寝入りが賢い選択というわけではない。自分の誇りを守るために、お金のことは度外視で戦うのもひとつの方法だ。あちこちで行われている無料相談を活用したりしながら、弁護士の力をどう借りるのがベストかを考えよう。

Q21

「社内結婚をしたら女性が退職」という暗黙のルールがある。辞めなければならないの？

時代遅れだと思うが、ウチの会社には「社内結婚をしたら女性が退職する」という暗黙のルールがある。半年後に社内の男性と結婚する予定だが、今の仕事は大好きだし経済的な面を考えても、会社を辞めたくはない。どうすれば辞めなくても済むか。

①明らかに法律違反なので、即座に公的機関に訴えて指導してもらう

②後輩たちのためにも、「暗黙のルール」なんて無視して働き続ける

③無理に居座っても会社に冷遇されそうなので、おとなしく辞める

A21

会社にとっても〝寿《ことぶき》退社〟は大きな損失。じつは交渉は難しくない

職場における男女の差別を禁止した「男女雇用機会均等法」が施行されたのは１９８６年。すでに30年以上たっています。しかし実際には、今でもこういう会社は少なくありません。

完全に男女雇用機会均等法に違反しています。だから「暗黙のルール」なんですよね。労働局や労働相談センターに行って申し立てれば、ほぼ間違いなく会社に指導が入るでしょう。指導に対して、会社がしらばっくれたりウソを言ったりしたら、過料20万円の罰則もあります。会社は指導を無視するわけにはいきません

当然、就業規則にもそういう規定は書いてないはずです。①は正攻法のアプローチ。ただ、いきなり外部の力を借りると、今後の会社生活に悪い影響がある可能性はあります。自分だけでなく、同じ会社にいる配偶者が不利益な扱いを受けるかもしれません。

痛いところを突かれたからって、会社が社員に不利益な扱いをするのも大問題なんですけどね。かといって、③の道を選んだら自分も後悔するし、そもそも会社のためにもなりません。会社にしたって、せっかくお金をかけて社員を育てたのに、たいして回収しないうちに結婚して辞められるのは大きな損害です。そんなことを続けている会社はアホです

自分のためにも後輩たちのためにも、そして会社のためにも、②のように働き続けましょう。会社の上層部も、深く考えずに「そういうもの」と思い込んでいるだけかもしれません。いや、たぶん多くはその程度の話です。これまで

多くの会社でも、誰かが先鞭《せんべん》をつけて「暗黙のルール」を果敢に変えて、そのおかげで少しずつ状況が変わってきました。

会社に「辞める決まりなんですか」って聞いたら、きっと「いや、辞めろとは言っていない。みんなが勝手に辞めるだけだ」って答えるはず。「あっ、会社は言ってないんですか。私、勘違いしてました。じゃあ、このまま働きます」と言えばいいんですよ

周囲も、それまでの「洗脳」の影響で最初は戸惑うかもしれません。でも、きちんと仕事をしていれば必ず応援してくれます。自分のために後輩のために、ひいては会社のために、勇気を出して道を切り開きましょう。

【①△　②◯　③×】

コラム

会社と言い分が対立したときは「記録」が自分を助けてくれる！

「パワハラにせよセクハラにせよサビ残にせよ違法行為にせよ、会社は都合が悪くなると平気でウソをつくし、あきれるような言い逃れをしてきます。そんなときにあなたを助けてくれるのは、日誌や日記、メモなどの『記録』です」

労基署も裁判所もほかの役所も、どっちの言い分を信じるか判断の材料にするのは、文字や画像や音声データで残っている「記録」である。最近、国会でも多くの事柄について「記録」と「記憶」の戦いが繰り広げられたが、一般的には勝負にならないほど「記録」のほうが強い。しかし、「捏造」だと疑われる可能性はないのか。

「たとえば日記でも、事件があった日だけ詳しく書いてあったら『アヤシイ』となるんでしょうけど、ほかの日もきちんと書いてあれば信ぴょう性が高いと判断されます。捏造だと言いたい側が、捏造を証明するのは簡単ではありません」

マメに記録を取る癖を付けることが、会社に押し潰されない第一歩だ。

Q22

飲み会で女性社員の体を触ったら「セクハラ」と激怒された。どうしたらいい？

会社の飲み会で酔っ払って、女性社員の体を触ってしまった。相手は激怒して「セクハラです！　会社に訴えます！」と言っている。ちょっとふざけただけなのに、謝っても許してくれない。会社に訴えられたら懲戒解雇になる可能性もある。どうしたものか。

①たとえ許してくれなくても、翌日以降も全力で謝って誠意を見せる

②「ふざけて触ったぐらいで騒ぐんじゃない！」と一喝して黙らせる

③先手を打って、会社に「彼女の言うことはウソだから」と告げておく

A22

事態を悪化させないためには彼女の怒りを鎮《しず》めることが大切

これは怒られても仕方ないですね。ただ、飲み会の場で体を触ったことが、解雇の理由になるかどうかは微妙です。２００９年に東京地裁で判決が出た「Y社（セクハラ・懲戒解雇）事件」では、セクハラを理由に懲戒解雇された支店長が、懲戒解雇の無効を求めて会社を訴えました。この支店長、慰安旅行の宴会の場で女性部下の体を触ったり、胸のサイズを尋ねたり、「誰がタイプか。これだけいるのに、答えないと犯すぞ」と言ったりなど、どうしようもないスケベオヤジなんです。でも結局、懲戒解雇は無効と判断されました

裁判所は、悪質なセクハラということは認めつつも、宴会の場で「犯すぞ」と言っても実行に移すのは不可能ということや、会社はいきなり懲戒解雇するのではなく段階を踏む必要があるという理由で、無効という判決を出したようです。となると、「ふざけて触った」ことでの懲戒解雇は難しいでしょう。ただし、日常的に繰り返していたとしたら別の判断が出る可能性はあるし、そもそも人としてどうかという問題はあります。

実際には「ふざけて触った」程度のことが大きな問題になって、会社に退職を迫られたり、減給や戒告などの懲戒処分を受けそうになったりする人もいるかもしれません。しかし、飲み会でのたった一度のおふざけなら、社内指導で解決するケースが多いでしょう

もちろん、「だから、その程度は許される」という話ではありません。②の対応をしたら相手はさらに激怒して、会社生活はひじょうに居心地の悪いものに

なるでしょう。③も実際は触ってしまっているわけですから、自分の立場を不利にするだけです。

この場合は、①のように相手の女性社員に全力で誠意を示すしかありません。翌日は菓子折りのひとつもわたして、必死で謝りましょう。当人の怒りを抑えつつ、他の女性社員の軽蔑の視線も弱めておこうという目論見です。自分が明らかに悪い場合は「そこまでやらなくても」と思うぐらい大げさに謝るのが、事態の悪化を防ぐセオリーです。

【①○　②×　③×】

コラム

これも立派なセクハラ！ただし「言葉の濫用《らんよう》」には注意

「頭を軽く叩いたり髪を触ったりする」「『今日はかわいいね』など容姿について言及する」「『プロポーションいいね』など身体的な特徴について言及する」「『そういうところが女の子だね』など性別を理由に決めつける」「好きな男性のタイプを尋ねる」「聞こえるところで猥談をする」「見えるところに性的な写真などを貼る」……。

自覚がない男性もまだまだ多いが、これらはすべて「セクハラ」である。

セクハラが卑劣で恥ずべき行為であるということは、当たり前の大前提だ。いっぽうで、嫌いな相手の言動や不愉快な出来事を「セクハラ呼ばわり」した途端、たちまち「絶対的に正しい被害者」になれるという危険な一面もある。

もちろん、「セクハラ」という言葉があるおかげで救われるケースは多いだろう。しかし、人間関係につきもののすれ違いがあったときに、相手を即座に悪者にするのではなく、相手や自分自身ときっちり対峙してみたほうがいいケースもありそうだ。

Q23

会社がいきなり倒産。未払いの賃金2カ月分はどうなるのか？

朝、会社に来てみたら、ビルのシャッターが閉まったままだった。どうやら倒産して、社長は雲隠れしたらしい。冗談じゃない。先月の給料も「もう少し待ってくれ」と言われて、今月分もまだもらっていないのに。もうあきらめるしかないのか。

①どうにか社長を見つけ出し、交渉して何割かでも払わせる
②ない袖《そで》は振れないので、残念ながらあきらめるしかない
③会社が払えなくても、国が立て替えてくれる制度がある

A23

最大8割は取り戻せる。すぐ最寄りの労基署に申請しよう！

会社が倒産したこと自体が大ショックで深刻な事態なのに、しかも賃金が2カ月分も未払い……。どうしていいのか途方に暮れてしまいそうな状況です。

給与だけでなく、退職金も受け取れるはずです。もちろん会社はきちんと支払う義務がありますが、現実的にはなかなか難しいでしょうね。未払い賃金などの「労働債権」は、どの債権よりも優先されることになってはいるものの、ほかの債権者だって黙っちゃいないし……。だけど、あきらめる必要はありません。会社に支払い能力がない場合は、国による「未払い賃金の立替払い制度」というセーフティネットがあります

ここは③が正解です。立て替えてくれるのは、厚生労働省の息がかかっている「労働者健康安全機構」という独立行政法人。未払い賃金の立て替えだけでなく、労災疾病の予防や治療、職場復帰のバックアップなど、その名のとおり労働者の健康と安全を守る組織です。

倒産には、法律上の倒産と事実上の倒産があります。事実上の倒産は中小企業にしか認められていませんが、労働基準監督署が調査をして「これは事実上の倒産ですね」と認定すれば、支払ってもらえます。ただし、自分から手続きをする必要があるので、まずは最寄りの労基署に行って「給料を払ってもらっていません」と相談しましょう

立て替えてくれるのは、本来の支払い金額の8割。年齢ごとに上限があり、退職金と給与の合計金額で45歳以上は296万円まで、30歳以上45歳未満は176万円まで、30歳未満は88万円まで。詳しくは「労働者健康安全機構」の

サイトで確認しましょう。こういうときのためにも、毎月の給与明細は捨てずに取っておく必要があります。

①も間違いではありませんが、個人では難しそうです。制度のことを知らなかったら、②のように思ってしまうかも。知識や情報はピンチを救ってくれる最大の武器です。

【①△　②×　③〇】

コラム

社内預金と財形貯蓄。倒産したら困るのはどっち？

似ているようで違う社内預金と財形貯蓄。「どっちだっけ？」と思うなら給与明細書を確認してほしい。社内預金の預け先は会社で、利率は最低0・5％と高い。一方、財形貯蓄の預け先は金融機関で、利率は金融機関ごとに異なるが、社内預金のような高金利は望めない。となると社内預金のほうがよく見えるが、問題は社内預金の場合、倒産時には戻ってこない可能性があるということ。

給与には債務返済の先取特権があったり、未払い賃金の立替払い制度が助けてくれたりするが、一般債権である社内預金は、返済の優先順位が低くなってしまうのである。事業の運転資金に使うことが認められている社内預金が倒産時に残っているとは考えにくい。その点、財形貯蓄は、会社が倒産したからといって0円になることはなく、金融機関が破綻した場合でも一定額は補償される。会社の経営にきな臭さを感じたら、いつでも解約可能な社内預金のメリットを思い出して、早めに解約したほうがいいだろう。

Q24

退職を決めたが、残っている有給休暇を使わせてくれない。どうすればいい？

来月いっぱいで会社を辞めることになった。有給休暇が15日ぐらい残っているので、来月はほとんど出社しなくていい計算になる。ところが、会社に相談したら「休んでいる人に給料は払えない」と有給休暇の消化を断わられた。そういうものなのか。

①「立つ鳥跡《あと》を濁《にご》さず」なので、ここは会社に従ったほうがいい

②有給休暇を取るのは当然の権利。拒否する会社が間違っている

③国は、残った有給休暇は会社が買い取ることを奨励している

A24

会社の中では時にヘンな「常識」がまかり通る。何が何でも使い切ろう！

じつはこれは、担当編集者の実話です。本人は「なんかヘンだな」とは思ったものの、①のように「立つ鳥跡を濁さずだからなあ……」と思って、しぶしぶ納得したとか。

えー、信じられない！　なんで納得しちゃったんですか。有給休暇は、労働者にとってもっとも強い権利の1つです。会社がその取得の申請を受理しないというのは、ありえないしあっちゃいけません。ただし、特別な理由がある場合は、会社は時期の変更を「お願い」することはできます。会社ができるのは、それだけです

日本では休むことに罪悪感がありますが、有給休暇の取得を遠慮する必要はまったくありません。理由は何でもOKだし、そもそも会社は「なぜ休むのか」を聞いてはいけないとされています。

まあ、周囲になるべく迷惑をかけないための配慮はそれなりにしたほうがいいし、理由も「言わなくていいはずです！」と頑《かたく》なに秘密にする必要はありません。本当に言えない場合以外は、無難な理由を話しておいたほうが自分も気持ちよく休めます。

どうしても会社が申請を受け付けてくれなかったら、内容証明郵便で「この日からこの日まで休みます」って書いて出しちゃえばいいんですよ。気をつけたいのは、有給休暇が取れるのは退職するまでということ。退職した瞬間に消えてなくなります

ここは②が正解。③の「買い取り」も、よく聞く話ですが、じつは有給休暇

の買い取りは、労基法の行政解釈（通達）で違反とされています。しかし絶対にダメというわけでもなく、「本当はダメだけど、退職前に使い切れない場合など従業員がそれでいいというならギリギリＯＫ」という性質のもので、国はぜんぜん奨励していません。

会社の中にいると、世の中では非常識なことを言われていても、それが常識なのかなって思っちゃうんですよね。「立つ鳥跡を濁さず」じゃなくて、そんな前近代的な会社には最後っ屁のひとつもかけてやればいいんですよ。あら、はしたなくてごめんなさい

【①×　②○　③×】

コラム

何かと使える「内容証明郵便」の出し方と、その効果

本書の中でしばしば出てくる「内容証明郵便」。これを使えば、郵便局が「誰が、誰宛に、いつ、どんな内容の手紙を送ったのか」を証明してくれる。受け取ったほうに「こっちは本気ですから」とプレッシャーを与える上でも、極めて有効だ。

内容証明郵便は、1枚の用紙に書ける文字数が520字以内（1行20字以内、1枚26行以内。横書きの場合は26字×20行、13字×40行も可）であることなど、形式が法律で定められている。同じ手紙を3通作成して、本局などの大きな郵便局で発送を依頼すると、形式が正しければそれぞれに証明印を押してくれる。1通は相手に発送し、1通は差出人が保管、もう1通は郵便局が保管する。

料金は、配達証明料を入れて用紙1枚の場合で1252円（2枚目以降は1枚ごとにプラス260円）。インターネット上から24時間いつでも申し込めて、料金もちょっと安めな「電子内容証明サービス」もある。イザというときは活用しよう。

Q25

就職して3カ月で退職したが「失業保険」は受けられるのか？

転職して入社した会社が相性が合わなくて、3カ月で辞めてしまった。無理に続けても心身を壊しそうなので、それはそれで仕方なかったと思ってはいる。ただ、すぐに辞めると失業保険（雇用保険の基本手当）を受けられないという話を聞いた。本当なのだろうか。

①3カ月という短期間で辞めた場合は、給付の対象にはならない
②在職中に雇用保険に加入してさえいれば、問題なく受けられる
③その前の会社も含めて、雇用保険に加入していた期間で決まる

A25

聞きかじりの半端な情報をアテにしないで、確かめることが大切

自分から辞めたにせよクビになったにせよ、次の仕事が見つかるまで頼りになるのが、いわゆる「失業保険」です。正式名称は、雇用保険の基本手当。辞め方や年齢、勤続年数、それまでもらっていた賃金日額によって、受給期間や金額はさまざま。

解雇や倒産の場合は自分では調整できませんが、転職を考え始めたら、雇用保険の基本手当について調べておきましょう。「あと1カ月在籍していたら30日分多くもらえたのに！」なんてこともあります。設問のケースは、半分間違ってますね。たしかに自己都合で辞めた一般の離職者の場合、雇

用保険の被保険者期間が離職日より前の2年間で12カ月ないと受給資格がありません。ただし、その前の会社にいた期間も通算することができます

①のように給付の対象とならないケースもありますが、必ずしもそうとも言えません。②は大間違い。というわけで、正解は③（一般の離職者は3カ月の給付制限期間がある）。会社側に原因があるなどして離職した「特定受給資格者」や「特定理由離職者」の場合は、離職日より前の1年間に、被保険者期間が通算6カ月以上あれば受給資格があります。

前回の転職のときに給付を受けていたとしても、それで資格が消滅するわけじゃありません。満額もらっていない場合は、残っている日数分は引き継がれます。そのへんは、ハローワークに聞いてみるのがいちばんですね。なんだったら、辞める前に聞きに行ってもいいんです。半年分ぐらいの給与明細があれば、おおよその支給額も教えてくれます

失業の経験が豊富な人はあまりいないので、聞きかじった半端な情報に振り回されたり、噂話を信じたりすることもよくあります。早とちりであきらめる前に、ハローワークなりネットなり本なりで、制度の中身やルールをよく確かめましょう。雇用保険は、たびたび改正されることでも知られています。そして、ちゃんと支給を受ける第一歩は、自分から申請しに行くこと。たとえ権利があっても、国が率先して払ってくれることはありません。

【①△　②×　③◯】

コラム

失業したときの強い味方――「基本手当」はこれだけもらえる

雇用保険の基本手当が何日分までもらえるかは、雇用保険の被保険者期間と年齢によって変わってくる。自己都合で辞めた場合、被保険者期間が1年未満だと受給資格はない。1年以上10年未満は90日、10年以上20年未満は120日、20年以上は150日となっている（障害があるなど「就職困難者」の場合は、最大360日まで）。

会社の倒産や解雇など「特定受給資格者」や一部の「特定理由離職者」の場合は、被保険者期間と年齢によって90日から330日（「就職困難者」は150日から360日）と、大きな開きがある。たとえば被保険者期間が1年以上5年未満の場合、30歳未満は90日だが、45歳以上60歳未満は倍の180日。被保険者期間が10年以上20年未満の場合、30歳未満は180日だが、30歳以上35歳未満は210日となる。「あと1カ月我慢していたら……」と後悔しなくていいように、よく調べておきたい。

支給を受ける条件や手続きについては、ハローワークに行けば教えてくれる。

Q26

実際はクビなのに「自己都合退職」にしておくからと言われた。承諾すべき？

会社の業績が悪化して、「申し訳ないが、来月で辞めてほしい」とクビを宣告された。社長は親身な口調で「キミの今後のことを考えて、離職票では『自己都合退職』ということにしておくから」と言ってくれている。そうしてもらったほうがいいのか。

①「解雇された」となると次の就職に影響するので、そのほうがいい
②「自己都合退職」だとデメリットがたくさんあるので断るべき
③納得いかないがその場は受け入れて、あとから公的機関に訴える

A26

たぶん会社は親切心ではなく、黒い思惑があってそう言っている

実際はクビなのに「自己都合退職」ということにしておく――。一見、ありがたい話のように思えます。クビにする側のせめてもの配慮と思っていいのでしょうか。

ダメダメダメ！　きっちりと、離職票の「解雇」の欄にチェックをつけさせましょう。雇用保険を受給する際に、自分の都合で会社を辞めた場合は、7日の待期期間と3カ月の給付制限が経過しないともらえません。しかし、会社の都合で辞めた「特定受給資格者」は、7日間の待機期間だけですぐに給付を受けられるし、給付日数や給付額も手厚くなります

会社の都合による突然の解雇なのに、雇用保険が3カ月ももらえないなんて死活問題です。ただ、「解雇された」という事実が、再就職で不利に働くことはないのでしょうか。

履歴書にそんなこと書く必要はないし、面接でも言わなきゃいいんですよ。それで「経歴詐称だ」と問題になることはありません。まれに人事同士が連絡を取り合うケースはありますが、自分のせいではない解雇が合否を左右するケースはまずないでしょう

面接で退職の理由を聞かれたら、「仕事は楽しかったんですが、将来のことを考えて決断しました」とでも言っておきましょう。けっしてウソというわけではありません。前社の悪口も言わないこと！

社長の口車に乗る①は、最悪の選択。ここは②の姿勢を貫くのが正解です。

会社があくまで、離職票で「自己都合退職」にしようとしてきたら、離職理由

に異議があるかどうかを尋ねる欄で、「有り」にマルを付けましょう。③のようにいったん受け入れてしまうと、離職票が証拠になって、あとから「じつは解雇でした」と認めさせるのは極めて困難です。

社長が「自己都合退職」にしたがっているのは、もしかしたら国からの助成金のからみとかがあるのかも。だとしても、こっちの知ったことではありません。少なくとも親切で言っているのではなく、黒い思惑があると思ったほうがいいでしょう

【①×　②○　③×】

コラム

「解雇理由証明書」は会社と戦うための武器

従業員を解雇する場合、会社は口頭で解雇通告（予告）をしてもよいとされている。しかし、そのまま文書なしですませようとしている場合は「解雇理由証明書を出してほしい」と会社に請求しよう。もし交付してくれない場合は「解雇理由証明書」を請求しよう。会社は請求を受けたら解雇の日までに交付することが、労働基準法で定められている。

「解雇理由証明書」には、解雇の根拠となる具体的な理由を書かなければならない。濁した表現でしか書かれていなかったら、具体的な表現に書き直すように要求しよう。これがないと解雇ではなく、雇用保険の基本手当の支給などで不利な扱いを受ける「自主退職」にされかねない。

書かれている理由に正当性がなかったりウソ八百だったりしたら、裁判所などの公的機関に訴え出れば、解雇の無効が認められるだろう。会社と戦うためには、欠かせない武器である。退職したあとでも、請求があった場合、会社は交付を拒むことはできない。

Q27

試用期間の最後のほうで「採用できない」と言われた。承諾するしかない？

やっと正社員で採用されたのはいいが、3カ月の試用期間の最後のほうになって「あなたはウチには合わないようなので、申し訳ないが正式採用はできない」と言われた。明日から来なくてもいいと言われたが、黙って承服するしかないのだろうか？

①明らかに「不当解雇」なので裁判を起こす

②「この会社とは縁がなかった」と自分を納得させてあきらめる

③採用できない理由を具体的に尋ねて、しかるべき対処を求める

A27

試用期間でも14日を超えたらそう簡単には解雇できない

本採用の前の「試用期間」でも、雇用が14日を超えたら通常の労働契約と同じと見なされます。それ相応の正当な理由がない解雇は許されません。

過去のいくつかの判例では、試用期間の働きぶりを見ただけで「不採用」の判断をするのは無効とされています。仕事を覚えるように会社側がきちんと指導したか、本当に改善の余地が見られないのかという点もポイントになりますね

たとえば「社風に合わない」「この仕事に向いていない」といった漠然とし

た理由ではなく、なぜ本採用できないのかを客観的に示すデータや記録が必要。とはいえ、本採用に比べたら会社にとっては「解雇」のハードルは低めではあります。

普通の労働契約と同じということは、解雇する場合は30日前に通告するか、30日分の解雇予告手当が必要ということでもあります。もし解雇を受け入れるとしても、解雇予告手当は遠慮なく受け取りましょう。今後のために「解雇理由証明書」の発行も、必ず会社に請求してください。会社は発行を拒否することはできません

ただし14日以内に「もう来なくていい」と言われたら、拒否するのは難しいかも。

①の方法もアリだし、勝てる可能性も大いにあるでしょう。ただ、膨大なエネルギーと費用が必要です。試用期間は、会社側が従業員を試すだけではなく、

従業員側が会社や仕事との相性を試す期間という一面もあります。自分の将来のために何がベストかを考えて、さっさと区切りをつける②を選ぶのも1つの判断かもしれません。

強いて「正解」を選ぶとすると、③の対応でしょうか。しかるべき対処を求めた上で、相手の出方を見たり自分の気持ちと相談したりしながら、①や②も含めた次の手を打ちたいところ。不満を抱えながら泣き寝入りする必要はありません。

【①△　②△　③◯】

コラム

早く再就職を決めると国から「お祝い金」がもらえる

「せっかく雇用保険の基本手当をもらっているんだから、なるべく長く失業していたほうがトクなのでは……」

そんなよからぬ考えを抱く人がいるかもしれない。しかし、ご安心を。基本手当をもらっている人が安定した職業に就いた場合、基本手当の支給残日数（所定給付日数から基本手当を受け取った分を引いた日数）に応じて「再就職手当」がもらえる。

支給残日数が所定給付日数の3分の2以上ある場合は、支給残日数×70%×基本手当日額。3分の1以上3分の2未満の場合は、支給残日数×60%×基本手当日額。支給残日数が3分の1に満たないと、この手当はもらえない。

要は、早く就職すればするほど給付額が高くなる仕組みだ。ただし、就職した日の翌日から1カ月以内に「再就職手当申請書」をハローワークに提出する必要がある。仕事が決まってホッとしてもらいそびれることがないように気を付けよう。

Q28

パート先から いきなり クビを告げられた。 仕方ないのか？

2年ほど前からスーパーでパートとして働いている。最近、近くに大型店ができて、明らかにそっちに客を取られている。ある日、店長に呼び出されて「今週いっぱいで辞めてほしい」と言われた。パートという立場だと、いきなりクビになっても仕方ないのか？

①「パート」とはそういうものなので仕方ない
②クビは仕方がないが「いきなり」は許されない
③役に立っていない正社員を先にクビにすべきだ

A28

まずは「契約」の内容や「就業規則」をチェックしよう

たしかにパートタイムは、正社員に比べると「弱い立場」です。しかし、いきなりクビになるのは、けっして「仕方ない」ことではありません。

パートもアルバイトも契約社員も、会社側から解雇したいときは、30日前に通告するか30日分の解雇予告手当を支払うのが大前提。そもそも、売り上げが落ちたからと気軽にクビにできるわけではなく「整理解雇の4要件」を満たしている必要があります。

4要件というのは、人員整理の必要性、解雇回避義務の履行、被解雇者選定の合理性、手続きの妥当性、です。本当に人を減らさないと経営が成り

立たないのか、会社は人を減らさないための努力をしたのか、解雇の対象者としてなぜその人を選んだのか、解雇に至るまでの手続きはどうか、ということですね

パートで働く場合も原則として、会社側と「労働契約」を締結しているはず。1年なら1年といった契約期間を満たす前の解雇は無効と定められているケースもあります。

パートをしている奥さんたちは、夫の扶養控除がなくなる「(年収)150万円の壁」や、夫の社会保険の扶養に入れなくなる「130万円の壁」にはやたら敏感ですが、それ以外の労働条件に無関心という傾向があります。会社と交わしている労働契約や、働いている会社の就業規則には、しっかり目を通しておきましょう

就業規則を知らなかったばっかりに、有給休暇を活用できなかったなんてケースもよくあるとか。同じ会社でも、たとえばパートには退職金の規定がないなど、正社員とは就業規則が別になっていることもありますが、そのこと自体はとくに問題はありません。

ここは②が正解。もし①だと思っていたとしたら、人が良すぎるかも。客観的に見てまさに③が当てはまるケースだったとしても、そうはいかないのが辛いところです。

【①×　②○　③×】

コラム

スキルアップの費用を国が支援してくれる制度もある

「あまり知られていませんが、雇用保険には、資格取得や教育訓練講座の費用の一部を支援してくれる『教育訓練給付制度』というものがあります。厚労省としては失業手当をなるべく払いたくない。資格やスキルを身に付けてちゃんと就職して、しっかり働いて税金を納めてもらいたいわけです」

対象は、原則として雇用保険の被保険者期間が通算3年以上ある被保険者。教育訓練経費の20％（上限10万円で1回限り）が支給される「一般教育訓練給付金」と、厚労大臣指定の専門実践教育訓練講座の入会金や受講料の50％（上限年間40万円、原則2年、6カ月ごと最長3年）が支給される「専門実践教育訓練給付金」がある。

働きながらでも受けられるが、失業中に「専門〜」を受給する場合、訓練期間中は「教育訓練支援給付金」として基本手当日額の80％が給付されるという嬉しい「特典」も。講座の内容も極めて幅広い。詳しくはハローワークで聞いてみよう。

Q29

契約先の会社から「来年は更新しない」と言われた

1年ごとの契約を繰り返して、同じ会社で3年ほど働いてきた。翌年の契約時期が近づいてきたある日、会社側の担当者から「業績が悪化しているので、契約更新はできない」と告げられた。1年前にサインした契約書は、例年通りの内容だった。さてどうする?

①業績が悪いなら無理を言っても仕方ないと解雇を受け入れる
②「いきなりの雇い止めは納得できません!」と戦う姿勢を示す
③「労働者を何だと思ってるんだ!」と社長に直訴する

A29

会社の都合で簡単に「雇い止め」できるわけではない。こうすれば戦える！

契約社員は、業績が悪化したら「雇い止め」されるのが宿命――。そんなイメージがありますが、いくら契約社員でも、会社の都合で簡単にクビにすることはできません。

もちろん、戦う余地は大いにあります。1974年に最高裁で判決が出た「東芝柳町工場事件」というのがあるのですが、これは有期労働契約も一定の条件を満たせば通常の労働契約と変わらないということを示しました。つまり、契約期間が切れたからといって、会社の気まぐれで「雇い止め」をするのは許されませんよ、ということです

①のようにすんなり引き下がる必要はありません。まずは②のように抵抗の姿勢を示して、契約しない理由を尋ねましょう。それを書面にした「解雇理由証明書」をもらうことも大切。納得がいかなかったら、公的機関に相談する方法もあります。これからも誇りを持って働く自分でいるために、雑な扱われ方に慣れてしまうわけにはいきません。

③のように社長に直訴しても、自己満足以上のものは得られないでしょう。適当にあしらわれたり開き直られたりして、さらに屈辱的な思いをさせられる可能性もあります。

1年後に解雇する予定で、会社が契約書に「契約は今年限り」という記述を入れるケースも少なくありません。中には、口頭では何の説明もしないで、いつも通りのようなフリをしてサインさせる悪質な会社もあるんです。残念ながら会社というのは、時に汚い真似も平気でやるところです。たとえ騙し討ちでも、サインしてしまったらほぼどうしようもありませ

ん。サインする前に、契約書は必ずしっかり読んでください。記述に疑問や納得できない部分があったら、きちんと説明を求めましょう

仮に今年限りという条件をしぶしぶのむにしても、1年前から次のことを考えて早めに手を打てるのと、いきなり来年はないことに気づかされるのとでは大違いです。

なお、労働契約法の改正により、有期労働契約が繰り返し更新されて5年を超えたら無期労働契約への転換が可能になりました。といっても自動的に転換してもらえるわけではなく、従業員から申し込まなければならないことに注意が必要です。

【①×　②〇　③×】

コラム

厚生労働省の「メール窓口」への遥かなる道のり

45ページのように「ラチがあかないから親方の厚生労働省に連絡してやる！」と思って、厚労省のウェブサイトを開いてみても、さてどこからメールを送ればいいのかを見つけるのは至難の業《わざ》である。

目指すは「労働基準関係情報メール窓口」だが、そこにたどり着くには、トップページの「分野別の情報」のコーナーから「雇用・労働」を見つけて、その中の「相談窓口等」をクリック。そこからさらに「相談窓口を探す」に進んで「労働条件」のページを選ぶか、「相談窓口等一覧」に並んでいるたくさんの窓口から探し出すと、やっと目的の「労働基準関係情報メール窓口」と出合える。

「たぶん、たくさん情報が来ないように、わざとわかりづらくしてるんじゃないでしょうか。2000字までの書き込みもできるので、これまでの経緯や不満も具体的に書けるし、対処は早いです」

Q30

もっともらしい
理由をつけて
クビを宣告された。
仕事はきちんと
やっているの
だが……

直属の上司と極端にソリが合わない。ある日、ちょっと口答えしたら相手が激怒して「お前はクビだ！」と言われた。会社は「30日分の解雇予告手当はきちんと出す」と言っている。クビになるようなことをした覚えはないし、仕事もきちんとやっている。どうするか？

①「解雇は納得できません」と告げて、今までどおり仕事する

②労働局や弁護士に相談して会社に「解雇の無効」を認めさせる

③30日分の解雇予告手当をもらって、さっさと別の仕事を探す

A30 相当のことをしでかした社員でも、簡単にクビにはできない。恐れずに反論しよう

ソリが合わないとか、口論で怒らせたといったことを理由にクビにするというのは、まったくお話になりません。ただ、会社もそのへんは十分にわかっているので、上司の肩を持ってクビを告げてくるとしたら、もっともらしい理由をでっち上げてくるでしょう

そういう場合は、普段から仕事をちゃんとやっていないとか、こんなトラブルを起こしたといったことが「口実」にされることが多いようです。しかし、会社に巨額の損害を与えたなど、よっぽどのことじゃない限り解雇の正当な理由にはなりません。

1977年に最高裁の判決が出た「高知放送事件」では、寝すごして朝のニュース番組の生放送に2回遅刻したアナウンサーの解雇が妥当かどうかが争われました。でも結局、アナウンサーを起こす役割の人も寝すごしたとか会社がバックアップ体制をちゃんと作っていなかったということで、「解雇権の濫用」と判断されて解雇は無効になったんです

アナウンサーが生放送に遅刻するというのは、かなりの重罪です。裁判所はそれでも「正当な理由」とは認めませんでした。

会社を辞めたくなければ、解雇予告手当を受け取ってはいけません。受け取ったら、解雇を了承したことになってしまいます。私物もそのままで、今までどおり仕事を続けましょう。それでも会社がしつこく言って来たら、あくまで冷静に解雇理由の説明を求めます。こっそり録音しておいたほうがいいでしょうね。「そんな理由で解雇できるんですか?」とトボケ

て聞いてみたら、不当解雇を証明する証言は簡単に集まると思いますよ

とりあえずは、①が妥当な対処と言えるでしょう。話がこじれた場合は、②の行動に出れば負けることはないでしょう。ただ、いきなりというのはあまりオススメしません。もっとも「こんな会社にいたくない」と思えるなら、③もアリです。

自分にとって望ましい「正解」を見つける上でも、法律的な知識は頼もしい力になってくれます。

【①○　②△　③△】

コラム

社労士からのメッセージ
あなたの味方はたくさんいる!

「会社を辞めさせられた人の事例を見ていると、あまりにも『辞め損』が多い。会社に辞めろって言われたからって、あっさり受け入れる必要なんてありません。どんな状況だったとしても、一回は疑問を持ちましょう。そのために必要なのが、本の中で繰り返し強調している『知識』です。何も知らないと、結局は会社のいいようにされて、おとなしく引きさがるしかありません」

会社のやり方に疑問を抱いてきちんと反論や交渉をすることは、たとえそのまま辞めることになったとしても、次につながる大切なステップである。

「追いつめられると誰も味方がいないような気になりますが、法律も労基署などのお役所も私たち社労士も、あなたの味方はたくさんいます。すでに日本は終身雇用ではなくなってしまいました。それでいて、いったんはじき出されると戻るのはすごく難しい。知識を武器に自分の身は自分で守りましょう」

PROFILE

石原壮一郎

(いしはら・そういちろう)

コラムニスト。1963年三重県生まれ。月刊誌の編集者を経て、1993年に『大人養成講座』でデビュー。ニンテンドーDSのソフトにもなった『大人力検定』『大人の女力検定』と合わせて、大人シリーズは累計100万部を超える。
他の著書に『本当に必要とされる最強マナー』『大人の言葉の選び方』『職場の理不尽』『会社図鑑！』など。あらゆる媒体やセミナーなどを通じて、大人のマナーやコミュニケーションのあり方、幸せな働き方を提案し続けている。

三矢晃子

(みつや・あきこ)

特定社会保険労務士。茨城県生まれ。出版社勤務を経て、フリーライター・編集者に。月刊誌、週刊誌、女性誌、書籍などでの取材、執筆、編集を生業にしながら、2007年に社会保険労務士登録。年金相談や労働相談に応じる中で得たのは、“快適な職場こそ充実の老後の礎となる”ということ。会社と労働者が相思相愛になれる職場作りに役立ち、労働と年金を含む社会保険を切り離さずに語れる社労士になるべく、日々模索している。

9割の会社はバカ

――社長があなたに知られたくない「サラリーマン護身術」

2018年7月18日　第1刷発行

著　者　石原壮一郎　三矢晃子
発行者　土井尚道
発行所　株式会社飛鳥新社
〒101-0003　東京都千代田区一ツ橋2-4-3　光文恒産ビル
電話　03（3263）7770（営業）／03（3263）7773（編集）
http://www.asukashinsha.co.jp

ブックデザイン　徳永裕美（ISSHIKI）
イラスト　比惠島由理子（ISSHIKI）
印刷・製本　中央精版印刷株式会社

Printed in Japan　ISBN 978-4-86410-520-0

編集　富川直泰